La economía de la Iniciativa Yasuní-ITT

La economía de la Iniciativa Yasuní-ITT

Cambio climático como si importara la termodinámica

JOSEPH HENRY VOGEL

COMENTARIO DE IVÁN HUMBERTO JIMÉNEZ-WILLIAMS

PREFACIO DE GRACIELA CHICHILNISKY

PRÓLOGO DE JOSÉ MANUEL HERMIDA

FILMOGRAFÍA DE JANNY ROBLES ET AL.

Traducido del inglés: *The Economics of the Yasuní Initiative: Climate Change as if Thermodynamics Mattered* por Iván Humberto Jiménez-Williams

ANTHEM PRESS
LONDON · NEW YORK · DELHI

Anthem Press
Una marca de la Wimbledon Publishing Company
www.anthempress.com

Primera edición publicada en el Reino Unido y los Estados Unidos de América
en 2012
por ANTHEM PRESS
75-76 Blackfriars Road, London SE1 8HA, UK
o PO Box 9779, London SW19 7ZG, UK
y
244 Madison Ave. #116, New York, NY 10016, USA

British Library Cataloguing in Publication Data
Un registro en catálogo de la presente publicación se puede acceder en el British
Library.

Library of Congress Cataloging in Publication Data
Vogel, Joseph Henry.
 [Economics of the Yasuní initiative. Spanish]
 La economía de la iniciativa Yasuní-ITT : cambio climático como si
importara la termodinámica / Joseph Henry Vogel ; comentario de Iván
Humberto Jiménez-Williams ; prefacio de Graciela Chichilnisky.
    p. cm.
 Includes bibliographical references and index.
 Includes filmography.
 ISBN 978-0-85728-462-4 (hc. : alk. paper) – ISBN 0-85728-462-2 (hc.)
 1. Environmental policy–Economic aspects. 2. Environmental
policy–Economic aspects–Ecuador. 3. Climatic changes–Economic
aspects. 4. Greenhouse gas mitigation–Economic aspects. I. Title.
 HC79.E5V6318 2011
 333.701–dc23
                    2011049588

ISBN-13: 978 0 85728 462 4 (Hbk)
ISBN-10: 0 85728 462 2 (Hbk)

Este título también está disponible como eBook sin costo.

Para la gente del siglo XXII

"[E]se dosel magnífico de los cielos, ese hermoso firmamento que veis sobre nosotros, esa techumbre majestuosa sembrada de doradas luces, no otra cosa me parece que una desagradable y pestífera multitud de vapores".

—William Shakespeare, *Hamlet*, Segundo Acto, Escena ii.
(Trad. Inarco Celenio P. A.)

CONTENIDOS

COMENTARIOS DEL TRADUCTOR

Found in Translation

La traducción del inglés de *La economía de la Iniciativa Yasuní-ITT: Cambio climático como si importara la termodinámica* se hizo necesaria porque de ninguna manera deberíamos limitar un texto sobre una problemática global a su lengua original: sólo al traducirla se le da la posibilidad de realizar su objetivo. Históricamente las barreras del lenguaje han sido superadas por medio de traducciones y éstas en muchos casos han llegado a tener un gran impacto en sus respectivas áreas.

En el caso de la obra de Joseph Henry Vogel, debemos tomar en cuenta que la traducción promete cambiar los esquemas de un error irreparable en que han caído grandes contribuciones al conocimiento humano al no haber sido facilitadas al lector hispanohablante donde reside gran parte de la biodiversidad terrestre. A pesar de que el español es uno de los cuatro idiomas más hablados del mundo, un idioma sin retroalimentación de los nuevos discursos científicos, filosóficos y críticos, que sirven como herramienta de progreso y conocimiento humano, puede estarse estancando al hacerse partícipe de sólo la migaja que se ha traducido. A esto se adhiere el problema de la piratería de las mismas traducciones que efectivamente socava el mercado. Como señala Joseph Henry Vogel en su página web, bajo "Translation Project" en www.josephhenryvogel.com, se pueden sacar fotocopias por 3 centavos la página y eso tiene consecuencias graves para el mercado de la traducción, además de coartar el acceso a textos importantes para aquéllos que no son anglófonos. Sin reconocer la traducción como un bien intrínsecamente público, el presunto "fallo del mercado" persistirá.

Este problema se agudiza en el proyecto mismo de nuestra traducción por razones aparentemente absurdas. Muchas traducciones son difíciles de hallar porque no están catalogadas en la red international de www.worldcat.org o han dejado de ser reimpresas. Una obra maestra como *Propagandes* de Jacques Ellul nunca ha sido traducida al español y, por ende, sus citas en círculos académicos hispanohablantes vienen directamente del francés o de su traducción al inglés como *Propaganda: The Formation of Men's Attitudes*. *Time on the Cross: The Economics of American Negro Slavery*, por el Nobel Robert William Fogel y Stanley L. Engerman, fue traducido como *Tiempo en la cruz: la economía esclavista en los Estados Unidos*, pero tan solo uno de los dos tomos; a pesar de que parte de la traducción existe, hemos tenido que hacer nuestra propia traducción y seguir con la versión bibliográfica del inglés, añadiendo su dato bibliográfico en castellano sin número de página ya que no es fácilmente accesible. Otras traducciones como, por ejemplo, *The Economics of Climate Change: The Stern Review* de Nicholas Stern fue traducida bajo el título de *El Informe Stern* y cuenta con un poco más de doscientas páginas mientras el original es de más de seiscientas. Por casualidad se habían traducido las citas tomadas por Joseph Henry Vogel de *La economía futura de la Tierra como un Navío Espacial* (*The Economics of the Coming Spaceship Earth*) de Kenneth E. Boulding ya que la mayor parte del libro tampoco ha sido traducido. Luego tenemos el caso de traducciones sumamente tardías. Por ejemplo, "La tragedia de los comunes" de Garrett Hardin, un artículo clave para áreas vastas de ambas las ciencias sociales y naturales, sólo fue traducido en 1995, ¡veintisiete años después de su publicación en inglés!

El contrario del dicho inglés *"lost in translation"* (perdido en la traducción) es *"found in translation"* (encontrado en traducción) y responde con mayor precisión a las sutilezas de cualquier planteamiento que se revela únicamente a partir de la reflexión profunda asociada con el acto de traducir. Eso es especialmente verdad para las complejidades del discurso sobre colapso ecosistémico que resulta de una "tragedia de los comunes" global. Garrett Hardin ofreció la solución genérica para las tragedias como la "coerción mutua, mutuamente acordada". Irónicamente, con el fin de arrancar la discusión global de cómo salvar la atmósfera reduciendo las emisiones de carbono, tanto los libros como las traducciones de los mismos deben de ser de "libre acceso" por Internet. ¿De qué nos sirve una traducción de difícil acceso? Lo que también encontramos al traducir *The Economics of the Yasuní Initiative* fue un desperdicio colosal al hacer la traducción de un libro como, por ejemplo, *Consilience* sin dejar huella de la biblioteca en que se encuentra. En el mundo latinoamericano, por lo general, no contamos con un sistema bibliotecario público que esté al alcance de la mayoría de los lectores. A veces todo está limitado a bibliotecas capitalinas y una que otra ciudad grande. Una forma de solucionar esa inaccesibilidad es subiendo las traducciones a Internet. Las traducciones especializadas, mientras sean de libre acceso, pueden pasar a ser un puente entre culturas ya que facilitan el intercambio de información y, a la vez, sirven de motor de cambio cultural, político y científico para las sociedades que se benefician de esa empresa.

Relativamente poco es traducido y así se levanta una barrera entre el Norte y el Sur que solamente se supera por medio del dominio del inglés, que es el dominante en las áreas concernientes, pero también otros como el francés, el alemán, el ruso, y el japonés. Desde una educación que en general favorece a los hijos de las élites, entre quienes están los que estudian economía y áreas afines y consiguen mayormente estudiar en EE.UU. donde absorben las intenciones de esa economía ortodoxa (por ejemplo, los Chicago Boys en Chile en la época de Pinochet) hasta los designios de instituciones como el FMI y el Banco Mundial, todo ha estado orquestado para que la América Latina sirviera de laboratorio para experimentar con las formas más en boga de la ortodoxia: en este caso "la economía de vaquero" a la que Vogel hace referencia y de la cual debemos disociarnos lo antes posible para pasar por el cuello de botella de esa economía devastadora y lograr llegar a la economía de la nave espacial que caracteriza a los países con un índice de desarrollo humano alto. En otras palabras, 'la economía de vaquero' pertenece a un discurso cerrado y es por eso que la labor de traducir las obras claves de la contra-corriente es indispensable para tener mayores herramientas de análisis con las cuales fundamentar una política progresista e independiente en nuestro idioma, el español.

El 29 de octubre de 2011 el presidente Rafael Correa pidió permiso al presidente paraguayo Fernando Lugo, anfitrión de la XXI Cumbre Iberoamericana, para retirarse y no tener que escuchar las palabras de Pamela Cox, vicepresidenta del Banco Mundial para la América Latina. Ya afuera ante la prensa internacional Correa declaró: "No hay que escuchar a esa burocracia internacional culpable de grandes males y pobreza en Latinoamérica" y [Cox] "debería empezar su discurso pidiendo perdón por el daño que el BM ha hecho a América Latina y al planeta". Los calificó de 'chantajistas' por imponer políticas neoliberales "del fundamentalismo ideológico del gran capital y los intereses de los países hegemónicos" y declaró "empecemos cambiando... el neocolonialismo. Liberémonos de esta burocracia internacional". El presidente Correa, digno al mandato depositado en él por el pueblo ecuatoriano, no tardó en hacerse escuchar ante ese foro internacional para denunciar lo que Vogel caricaturiza acertadamente como "economía de vaquero".

Lo razonable sería si vamos a copiar modelos extranjeros, que al menos exista un discurso abierto para evaluar qué nos conviene y la única forma para que eso se dé es si traducimos no sólo las obras ortodoxas, sino también todas estas obras que representan un contra-argumento, una alternativa, o al menos una antítesis. Es cosa nuestra alcanzar la síntesis de lo que creamos más apropiado a nuestras necesidades y claro ése es un paso que sólo se puede dar si la América Latina aprende a actuar de manera unida. En estos últimos años hemos empezado a ver una manifestación de esa posibilidad con la creación de UNASUR, MERCOSUR, ALBA, y otras fórmulas de unión.

En el Medioevo del Islam fue gracias a los equipos de traductores árabes (Avicena, Algazal, y Averroes entre otros siempre contaron con un equipo de traductores) que manuscritos de Aristóteles y de otros pensadores de la antigüedad llegaron a la Europa que en gran parte estaba sumida en la ignorancia. Gracias a estos traductores y al avance en las ciencias del mundo islámico, Europa logró renacer. Hoy nos toca a los latinoamericanos despertar y darnos cuenta de nuestro gran potencial en las muchas fórmulas para avanzar de una manera ecológica y unida. La iniciativa Yasuní-ITT puesta en marcha bajo el gobierno del presidente Rafael Correa es una gran posibilidad para avanzar en ese sentido. Joseph Henry Vogel con su estudio ha pasado a formar una parte intrínseca de esa búsqueda.

Toda esta empresa de traducción del inglés al español sólo fue posible gracias a un equipo de trabajo muy al estilo del que caracterizó en una época a nuestros traductores árabes. Mi agradecimiento profundo va a Carlos Espinosa Gallegos, que como revisor técnico y plenamente bilingüe hizo un trabajo minucioso durante toda la trayectoria de esta empresa al identificar errores en la traducción, lo cual siempre ocurre en una primera iniciativa, y al hacer sugerencias estilísticas muy útiles. Su contribución como abogado especialista en leyes constitucionales y en ciencias políticas fue indispensable para enriquecer la terminología de la traducción. El mismo autor Joseph Henry Vogel, profesor que domina el inglés, español, y portugués, colaboró sin descanso ayudando con mucha de la terminología técnica en sus áreas de especialización, principalmente economía, ecología, termodinámica, y ecocrítica. Yo como traductor principal de todo el manuscrito colaboré con áreas de mi especialización en teatro, cine, lingüística y semiótica, pero además mi interés en la ética del medio ambiente, demografía y ciencias políticas sirvieron para dejar mi sello en una traducción que tuvo que valerse de lo literal y lo idiomático con el fin de encontrar el valor más aproximado a la intención del autor y al compromiso nuestro de diseminar el estudio a una amplia audiencia de especialistas, prensa especializada e interesados en general.

Desde la adopción de un símil para no caer en un error de apreciación de la foto de un gesto humano hasta las discusiones de si adoptar el término económico "bien público" o el jurídico "bien de dominio público", el trabajo en equipo demostró ser sumamente necesario. La traducción hecha por un solo individuo sin ningún tipo de retroalimentación en equipo puede justamente llevar a cometer errores de apreciación. En algunos casos una discusión corta nos llevaba a aceptar el término más usado según www.linguee.com o a cambiarlo si, por ejemplo, un cierto uso tenía más sentido.

Algo que está siempre latente en una traducción cuando el traductor es realmente bilingüe es la interferencia lingüística ya que en un principio se está más pendiente de traducir todo un texto y no hay tiempo de estar editando eficazmente en una primera lectura. Al traductor principal se le pueden escapar también en el momento de la traducción expresiones idiomáticas de una lengua a otra, términos técnicos, y palabras precisas. No obstante, será muy difícil evadir los efectos del "lost in translation" (perdido en la traducción) por mucho que se busque darle la denotación, la connotación, o la fuerza del idioma original. "Traduttore, traditore" dirán algunos, pero hay cosas que simple y llanamente no se pueden traducir de manera idéntica no sólo por razones lingüísticas, sino también culturales, políticas y sociales.

Sobre el debate de décadas en la América Latina de si usar mejor 'sostenible' o 'sustentable', hemos optado por el último, el cual fue favorecido por el economista ilustre en cuestiones ambientales, Enrique Leff. Cuando existe una cita de *Inquiry into the Nature and Causes of the Wealth of Nations* (*Investigación de la naturaleza y causas de la riqueza de las naciones*) de Adam Smith, que data de 1794 (Año: MDCCXCIV), preferimos la traducción antigua a las modernas ya que conlleva la señal de los siglos asociados con el mismo pensamiento.

Es imprescindible también hacer hincapié sobre muchas de las observaciones de la obra de Vogel, que parecían audaces cuando el libro fue lanzado en diciembre de 2009, pero de repente se volvieron proféticas como nos damos cuenta al traducir el texto. Por ejemplo, el desastre en el Golfo de México con la plataforma petrolera de BP en abril de 2010, o el terremoto resultado del "fracking" (de la fracturación) en el Este de los EE.UU. en agosto de 2011, señalan directamente el argumento del capitulo 3 del libro que explica por qué la captura y almacenaje del carbono no es una solución técnica a largo plazo a la tragedia de los comunes. Igual profético e irónico es que Leon Helmsley no es un caso singular; un año después de la publicación de *The Economics of the Yasuní Initiative* otra multi-milionaria, Gail Posner, también dejó su fortuna a su perra, en este caso una chihuahua llamada Conchita. En el mismo año que Vogel lanza *The Economics of the Yasuni Initiative* y aboga por impuestos masivos sobre los super ricos, el pionero del activismo político estadounidense Ralph Nader lanza su libro *Only the Super-Rich Can Save Us!* Y dos años después, el bilionario Warren Buffet declararía que los super ricos no pagan suficientes impuestos. Las perspicacias del último capítulo sobre la política como fuente de esperanza y desesperanza son tristemente corroboradas en el desempeño de Barack Obama dentro del ámbito nacional e internacional. Tal vez por eso, el libro no se va a degradar aunque sea un producto que refleje un cierto momento de la historia humana y natural. Sin embargo, me atrevo a decir que al traducirlo a otros idiomas, se traduce a otros tiempos.

Al equipo de trabajo se fueron uniendo otras personas claves. La asistente de investigación Verónica M. Pacheco-Ortiz de la Universidad de Puerto Rico-Río Piedras realizó un trabajo minucioso en búsqueda de las traducciones citadas, pero también contribuyó al traducir algunas de las citas, lo cual me ayudó enormemente. Sin duda su aportación fue muy valiosa. Ella a su vez contó con la colaboración de Ana Belén González Jordán, que como bibliotecaria en la Universidad de Burgos, nos consiguió una cita que buscábamos para *El futuro de la vida*, obra de E.O. Wilson. También un colega de Verónica, Braulio González de la UPR – Mayagüez, nos consiguió en la colección de su biblioteca una cita de *El espejismo de Dios* de Richard Dawkins. Joseph Henry Vogel a su vez contactó a José Rodolfo Hernández-Carrión y a Betzaida Ortíz-Carrión, quienes aportaron excelentes consejos en la depuración final del manuscrito.

Nuestro especial agradecimiento va dirigido al "Programa Yasuní", en el cual participan seis agencias de la ONU y sin las cuales esta traducción no hubiera sido posible. Cabe mencionarlas para dar a conocer nuestra eterna gratitud: ONUMUJERES, ONU-HABITAT, UNESCO, FAO, OMT, y PNUD. Zornitza Aguilar, Oficial del PNUD, coordinó la logística con gran eficiencia y gentileza, por lo cual le estamos muy agradecidos. También extendemos nuestro agradecimiento al Gobierno de España y al Programa de las Naciones Unidas para el Desarrollo (PNUD) que en diciembre de 2006 firmaron un acuerdo para establecer el Fondo para el logro de los Objetivos del Milenio (Fondo ODM), al Ministerio del Ambiente de Ecuador (MAE), el cual puso en marcha el "Programa Yasuní", al presidente Rafael Correa, y a todas las instituciones gubernamentales ecuatorianas y agencias no gubernamentales comprometidas con la Iniciativa Yasuní-ITT como modelo para salvar el planeta y permitir su sustentabilidad para nuestras futuras generaciones.

Dr. Iván Humberto Jiménez-Williams
Al Ain, Emiratos Árabes Unidos, 30 de octubre de 2011

PRÓLOGO

La ética y la economía del cambio climático

La discusión sobre el cambio climático y el manejo de las emisiones de CO_2 forman parte de un debate mundial en que sus causas y efectos son el objeto de intensos estudios científicos por expertos, quienes, de acuerdo a sus conclusiones, se ven obligados a promulgar una acción inmediata a gran escala. Sin embargo, el discurso se ejemplifica mayoritariamente en lenguaje económico y de desarrollo, tendiendo a dejar de lado la problemática ética del asunto. Hasta ahora las soluciones propuestas han dependido generalmente de la aplicación de instrumentos de mercado relacionados con la escasa capacidad de la atmósfera – que sin duda es un bien público global – para transformar gases invernaderos. Menos discutidas entre los países son las asimetrías en lo que concierne a las emisiones excesivas y sus subyacentes consecuencias, siendo casi inexistente la perspectiva de la política económica.

Dentro de este escenario, se lanza *La economía de la Iniciativa Yasuní-ITT*, la cual ofrece una visión fresca, holística y justificada, a los dilemas causados por el cambio climático. Consideraciones éticas infunden cada página con un tono desafiante, lo que conduce a cuestionar enérgicamente el discurso oficial, demostrando en última instancia que la termodinámica sí importa. La física explica cómo el sumidero atmosférico ha sido apropiado por el Norte y la economía confirma como el pago que precede a la extracción de petróleo en el Sur, puede conducir tanto a eficiencia como a equidad.

La Iniciativa Yasuní-ITT surge del Ecuador donde el concepto del *buen vivir* (quichua: Sumak Kawsay) está forjando una nueva relación de gobierno, sociedad, naturaleza y mercado. Esta propuesta se encuentra hoy en un ambiente inimaginable sólo hace unos años: sin duda el otorgamiento de derechos a la naturaleza bajo la Constitución del Ecuador, la cual entró en vigor en noviembre de 2008, constituye una tentativa seria para restaurar nuestro medio ambiente. Más aún, *La economía de la Iniciativa Yasuní-ITT* se estrena en la víspera de la decimoquinta Conferencia de las Partes del Convenio Marco de las Naciones Unidas sobre Cambio Climático, a realizarse en Copenhague. Es de esperar que la humanidad llegue a un acuerdo y que aplique una serie de soluciones – incluyendo esta iniciativa – la cual deberá cumplir las esperanzas implícitas en la conmovedora dedicatoria "para la gente del siglo XXII".

José Manuel Hermida
Representante Residente
Programa de las Naciones Unidas para el Desarrollo
Oficina Local – Ecuador

PREFACIO

Yasuní-ITT: La nueva economía del planeta Tierra

Los seres humanos están cambiando el metabolismo del planeta a un nivel del cual hasta ahora se desconocen sus implicaciones. Fundamentalmente estamos alterando los gases en la atmósfera, las extensiones de agua y la compleja red de especies que conforma la vida en la Tierra. *La economía de la Iniciativa Yasuní-ITT* aparece justo cuando los peligros a los recursos del mundo se pueden observar a simple vista. Las tasas de extinción son ahora mil veces más altas que aquéllas inferidas del registro fósil. El cambio climático parece estar acelerándose de forma alarmante. Para los seres humanos esto significa un aumento del nivel del mar, inundaciones feroces, sequías prolongadas y condiciones meteorológicas irregulares. En 2010 puede que a nivel mundial lleguen a haber más de 50 millones de refugiados por factores climáticos. El problema es mundial y no hay donde esconderse.

Aproximadamente el 80% de la humanidad vive en países en vías de desarrollo, a menudo rodeados por recursos naturales valiosos. El Ecuador es un microcosmos de ese mundo y su Reserva de Biosfera de la UNESCO – Yasuní – es un ejemplo de la magnificencia de los recursos naturales en su estado original. Por añadidura, Yasuní también se encuentra encima de una reserva inmensa de petróleo. Como es el caso lamentable de muchos países en vías de desarrollo que son ricos en hidrocarburos, aproximadamente la mitad de la población del Ecuador vive en la pobreza. De manera comprensible, el gobierno se ve tentado a explotar el petróleo de Yasuní y a expandir la frontera agrícola para simplemente alimentar a su población a pesar de los impactos globales negativos que pueda haber en el medio ambiente – tal como los países industrializados hicieron en una etapa semejante de su desarrollo económico.

El conflicto entre necesidades básicas y la exportación de recursos es tanto agudo como cruel. En el caso de Ecuador, la mayor porción de los ingresos de exportación viene de ventas de petróleo y la mayoría de su gente no disfruta de ningún beneficio. Es realmente peor para las comunidades indígenas del Amazonas ecuatoriano. Muchos dependen directamente de los productos derivados de la selva, la cual es destruida sistemáticamente por la extracción de petróleo. Dentro de la Reserva de Biosfera viven dos comunidades en aislamiento voluntario, tal como sus antepasados durante miles de años. ¿Cuál será su destino?

En 1992 publiqué un artículo en la *America Economic Review* que explica el caso de Ecuador y los daños al medio ambiente mundial como consecuencia de las exportaciones de petróleo, basado en la idea de una fuente de recursos naturales con índole de propiedad común (*res communes*).[1] Allí demostré que el conflicto surge de la expansión rápida de los mercados internacionales donde los comerciantes están en etapas diferentes de desarrollo. También expuse por qué el resultado inevitable es el fallo de mercado a escala mundial. Según se desprende de la base de datos, un claro patrón de comercio ha surgido ya por un tiempo. Los exportadores de materias primas son en gran parte países pre-industriales como El Ecuador, cuyos recursos naturales son de propiedad común, mientras los importadores han sido las naciones industriales, cuyos recursos están privatizados. La divergencia lleva a una escala sin precedentes de una "tragedia de los comunes", aumentada por un mercado internacional voraz que fue en gran medida alimentado por las instituciones de Bretton Woods, creadas después de la Segunda Guerra Mundial. Bajo este efecto visible de la globalización, ya no existen los controles tradicionales que una vez vigilaron el uso de los recursos y ofrecieron una solución a la tragedia. La explotación es a menudo por orden de llegada mientras que "el acceso libre" conspira con las presiones de la pobreza. Los recursos son exportados típicamente en precios debajo de los costos de reposición.

El consumismo en el Norte y la extracción excesiva en el Sur han creado un desastre ambiental mundial, especialmente en la atmósfera. Para discernir el problema busqué una solución en la economía convencional e integré ese modo de pensar como autora principal del Grupo Intergubernamental de Expertos sobre Cambio Climático que luego ganaría el Premio Nobel de la Paz de 2007. Trabajando con el Negociador Principal del Protocolo de Kioto, el embajador argentino Raúl Estrada, y con los representantes de la Organización para la Cooperación y el Desarrollo Económico (OCDE) y de la administración de EE.UU., diseñé el mercado de carbono. Entonces por petición de la Delegación francesa, redacté el Protocolo de Kioto al cual se le dio vigencia el 17 de diciembre de 1997 conjuntamente con el lanzamiento de mi diseño.

Mi método al crear el mercado de carbono es bastante novedoso y fue inicialmente polémico, pero en realidad refleja una evolución en el pensamiento económico clásico. Procuré rectificar los efectos de la falta de derechos de propiedad sobre los recursos en naciones pobres creando derechos mundiales en el uso de los recursos por naciones ricas. Estos correspondían a los límites en emisiones de CO_2. El marco se basa en un criterio de eficiencia, una vez que se reconozca la atmósfera como un bien público global.[2] Después de dramáticos vaivenes, mi diseño llegó a ser finalmente una ley internacional al Rusia ratificar el Protocolo de Kioto en 2005. Los resultados han sido a la vez notables y conmensurables. Sobresaliente entre ellos son los $23 mil millones en transferencias de los países desarrollados a aquéllos en vías de desarrollo por medio del Mecanismo de Desarrollo Limpio que creó proyectos de producción menos contaminantes. También me complace ver que la Unión Europea ha disminuido sus emisiones en un 20% y que el comercio de créditos de carbono en el Régimen de Derechos de Emisión de la Unión Europea ha alcanzado los $60 mil millones al año.[3] Esto significa que los que tienen un exceso de emisión le pagaron $60 mil millones a los de bajas emisiones.

Pensando como una economista, diría que el Protocolo de Kioto ha cambiado fundamentalmente la manera de hacer negocios – y nuestros valores económicos – al hacer las emisiones de CO_2 monetariamente costosas y el desarrollo limpio finalmente rentable. El cambio económico también ha sido acompañado por un viraje en la psicología social: la gente está exigiendo que los contaminadores de carbono paguen. Aunque todavía joven, puede que Kioto esté en las últimas. Este diciembre de 2009 la XV Conferencia de las Partes (COP) de Copenhague será el encuentro de "vida o muerte" para las negociaciones sobre el clima porque las disposiciones del Protocolo de Kioto caducan en 2012.

En este contexto, la Iniciativa Yasuní-ITT es especialmente simbólica. ¿Cómo encaja en la imagen global recién descrita? La Iniciativa es una respuesta innovadora de América Latina a la dilación de las negociaciones mundiales. Aunque resuene como justo en los círculos ambientalistas del Norte y el Sur, resuena especialmente bien en los países del Sur ricos en carbono. Hasta la fecha, Kioto les ha producido pocos beneficios a las naciones más pobres del mundo en vías de desarrollo en gran parte debido a que el Mecanismo de Desarrollo Limpio financia proyectos para reducir las emisiones ya existentes, las cuales se originan principalmente en China. En la actualidad, la América Latina y el África, ricos en carbono, emiten muy poco CO_2 (por ejemplo, el África apenas emite un 3% del total mundial) y, por lo tanto, no pueden beneficiarse de la reducción de emisiones. Además, los países en vías de desarrollo y ricos en carbono no quieren ser excluidos de la posibilidad de desarrollarse a través del uso intensivo de la energía producto de la industrialización. ¿Cuál es la alternativa?

Con el escenario actual conjunto, se puede entender como Rafael Correa, presidente de Ecuador, propuso en 2007 a la Asamblea General de las Naciones Unidas que la comunidad internacional compensara al Ecuador por no extraer las reservas de petróleo en la Reserva de la Biosfera de Yasuní. Aunque la propuesta parezca sencilla y tenga un atractivo mucho más intuitivo, la ciencia económica todavía no se había resuelto. A Joseph Henry Vogel se le asignó la tarea y muestra en este volumen que los conceptos pertinentes no siempre son sencillos y a menudo pueden ser inesperados.

Conocí a Joseph en la Universidad de Puerto Rico en 2009 donde sirvió como comentarista a mi ponencia sobre la creación del mercado de carbono del Protocolo de Kioto. Para mí es un placer poder corresponderle y discutir su libro provocativo que creo inspirará un debate muy necesario sobre la equidad. Reitero: La Iniciativa Yasuní-ITT es cierta una vez que se reconozca que la concentración global de CO_2 en la atmósfera es un bien público global. El Ecuador le está ofreciendo al mundo un bien público global al abstenerse de extraer el petróleo que causa emisiones. Establecí este tema general en 1992 y sobre la base de ese trabajo, ahora diría que se requiere una compensación en el caso que el país se abstenga de explotar los yacimientos en los campos de Yasuní-ITT.[4]

La Iniciativa de Yasuní-ITT también puede servir como un modelo mundial para países ricos en carbono, pero económicamente pobres. Unas simples estadísticas pueden reafirmar mi punto de vista: el 80% de la humanidad que vive en el mundo en vías de desarrollo emite sólo el 40% de CO_2 en la atmósfera. El 20% que vive en el mundo desarrollado emite el 60%. En pocas palabras, si el mundo desarrollado emitiera CO_2 a los niveles de los países en vías de desarrollo, no estaríamos ahora experimentando el cambio climático. La equidad es el punto crucial de este argumento y de los argumentos en *La economía de la Iniciativa Yasuní-ITT*.

Jopeph Vogel comienza con una crítica de la economía neoclásica. Quizás tenga razón acerca de la importancia de la termodinámica para la economía, especialmente a largo plazo. Su argumento es que no tenemos ni un sistema cerrado, ni un equilibrio, sino un sistema abierto en el que las emisiones de CO_2 han superado el sumidero atmosférico. Vogel parece estar en lo correcto. Acaso entonces ¿debemos ir hacia lo cósmico aquí? Como se evidencia por Venus en la solapa del libro, Vogel cree que sí. Su mensaje es dirigido a un lector culto que, no obstante, puede no estar familiarizado con el pensamiento económico e impaciente con todos nuestros formalismos. Empero, para el economista profesional, la pregunta de ¿quién debe reducir las emisiones de carbono? o ¿quién debe compensar a quién por utilizar los bienes comunes globales? es algo bien conocido dentro de la teoría de los mercados de bienes públicos que son de producción privada.[5] En la economía neoclásica, el reconocimiento de tales bienes lleva a la recomendación general misma. Es decir, los efectos de aumento del comercio internacional, donde existe una asimetría entre las partes, explica la tragedia global de los bienes comunes y el resultado es el cambio climático. Lo que tenemos que hacer para corregir este fallo del mercado es compensar a aquellos que producen una externalidad positiva y cobrar a los que producen una externalidad negativa. Esto es lo que el mercado de carbono hace. Esto es lo que, de otra manera, la Iniciativa Yasuní-ITT intenta lograr.

El patrón es claro. Los mercados de bienes públicos son los mercados del futuro. En general se cree que el mercado de carbono pronto se convertirá en el mayor mercado de mercancías en el mundo, y el comerciar bonos de carbono es el comerciar derechos a usar un bien público global. Aparte de la concentración de carbono en la atmósfera, otros bienes públicos globales incluyen el acceso a los recursos genéticos y la gestión de las cuencas hidrográficas.[6] Están surgiendo rápidamente mercados para limitar su uso y darse cuenta de su valor. Algunos ya tienen pleno derecho. Por ejemplo, la Chicago Board of Trade (Bolsa de Valores de Chicago) ha estado comerciando exitosamente SO_2 durante 12 años. Sin embargo, no estoy diciendo que los mercados sean la solución a todos los problemas ambientales del mundo.

Los mercados son una herramienta y no un objetivo. Un peligro de la conversación interdisciplinaria es que a menudo confundimos las herramientas con las metas. El objetivo es vivir dentro de un límite global en emisiones de CO_2, que a su vez se puede desglosar en límites nacionales. Los mercados pueden ser usados para enviar las señales para mejor implementar estos límites. Los límites globales provienen de la física, y quizás destacando la termodinámica, como Vogel lo hace, llegaremos a ser más sensibilizados a los límites físicos de los recursos de la tierra. El mercado del carbono es sólo una herramienta útil para la asignación de cantidades escasas de emisiones sostenibles de CO_2 a través de los precios. Y ¿por qué a través de los precios? usted se preguntará. ¿Por qué imponer un mercado mundial sobre lo que de otra forma es una simple iniciativa? La respuesta es obvia. El mecanismo de precios permite la compensación por la evasión continua de emisiones de CO_2 con lo cual se salvaguarda tanto el hábitat de Yasuní y a la gente que ha vivido de forma sustentable en ese hábitat. A pesar de ser un fuerte crítico de la economía neoclásica, incluso Vogel gira al mecanismo de precios y termina el Capítulo Dos endosando un mercado de carbono por el CO_2 obviado a través de la Iniciativa. Yo también concuerdo con él.

Las herramientas son importantes, y diferentes maneras de hacer economía pueden dar forma a nuestro pensamiento, pero la verdad brillará sin importar qué herramienta utilicemos. El vínculo inseparable entre cambio climático y desigualdad brilla, si se piensa en términos económicos tradicionales o se piensa termodinámicamente. Al pensar en ambos sentidos, surge una sinergia. La Yasuní-ITT es la nueva economía del planeta Tierra. Como la imagen brillante en la solapa del libro sugiere, lo que está en juego no es sólo la supervivencia de la humanidad, sino de otras formas de vida. El tiempo se acaba.

Graciela Chichilnisky
Profesora de Economía y Estadística
UNESCO Profesora de Matemáticas y Economía, 1996–2008
Directora, Consorcio de Columbia para la Gestión de Riesgos
Columbia University, New York City, New York USA
www.chichilnisky.com

INTRODUCCIÓN

El 5 de marzo de 2009 firmé un contrato con el Programa de Desarrollo de las Naciones Unidas para ser el evaluador general de la Iniciativa Yasuní-ITT. El Parque Nacional Yasuní en la Amazonía ecuatoriana es una de las reservas de biosfera de la UNESCO. Dentro del parque viven dos comunidades indígenas que han elegido permanecer en aislamiento voluntario: los Tagaere y los Taromenane. En el subsuelo del parque se encuentran los campos petroleros de Isphingo, Tambococha y Tiputini, abreviados como ITT. En cuanto supe de estos hechos, rápidamente me di cuenta que he estado pensando sobre el marco teórico económico, que a su vez justifica la Iniciativa, durante la gran parte de mi carrera profesional, incluso mucho antes de saber dónde estaba Yasuní y lo que sería su importancia para la humanidad

Utilizando mi trayectoria anterior en las áreas de la termodinámica del no equilibrio, de la biodiversidad, y de la ecocrítica, presento este pequeño libro como el "producto" de la consultoría. Sin embargo, espero que también sea una invitación para indagar con mayor profundidad en los argumentos mencionados en las notas y filmografía.

Ya que el cambio climático es un tema central hoy en día, el libro está contextualizado de acuerdo a los acontecimientos que transcurrieron del primero de marzo al primero de julio de 2009. Estos incluyen la Cumbre de los G-20 en Londres, la aprobación del "Acta de Seguridad y Energía Limpia de 2009" y reconocimiento formal de EE.UU. de gases invernaderos como contaminantes, la Quinta Cumbre de las Américas en Trinidad y Tobago y la sesión que negocia en Bonn la Décimo Quinta Conferencia de las Partes en la Convención Marco de las Naciones Unidas sobre el

Cambio Climático. Coinciden con estos acontecimientos políticos las alarmantes noticias publicadas en *Science* sobre la sequía que está experimentando el Amazonas, la cual posibilita un cambio del ecosistema de selva tropical a sabana que impulsaría la transición de absorción neta a emisión neta de dióxido de carbono.[1]

Al inspeccionar mucha de la vasta literatura técnica, me he beneficiado inmensamente de *El Informe Stern: La verdad del cambio climático* (*The Economics of Climate Change: The Stern Review*). Si el debate puede ser conceptualizado como una red, *El informe Stern* sería su nodo. A pesar de su éxito contundente, el autor Sir Nicholas Stern es pluralista. Termina su obra magistral con estas palabras: "En conclusión debemos resaltar nuevamente que el análisis del *Informe* en su conjunto siempre fue pensado como contribución a un debate bajo discusión. Ha habido, habrá, y deberá haber muchas más contribuciones".[2]

Dada mi sincera admiración por Stern, mi subtítulo *Cambio climático como si importara la termodinámica* puede dar la impresión de una parodia de su título, pero no lo es. El caso que El Ecuador sea compensado por *no* extraer su petróleo se fundamenta en otro planteamiento. Mi posición es que el marco teórico económico, citado en la primera página de *El Informe Stern* (v.gr., "El cambio del clima – nuestro enfoque"), ha sido un "motor" del cambio climático. Stern escribe que el cambio del clima "presenta un desafío extraordinario para la economía: es el ejemplo más grande de fallo del mercado que jamás hayamos visto".[3] En otras palabras, para resolver un problema que es el resultado de una teoría, ¡necesitamos más de la misma! Estoy en total desacuerdo. En vez de aplicar la economía como siempre, la adopción de la termodinámica nos permite integrar los diversos estudios compilados en *El Informe Stern* para comenzar un debate público acerca de un problema que no tiene solución técnica. La Iniciativa de Yasuní-ITT es una de las muchas soluciones no técnicas que deben ser examinadas.

Los cinco capítulos cortos exploran las implicaciones de desplegar la termodinámica dentro del marco de una política que responda al cambio climático. ¿Qué es exactamente la Iniciativa de Yasuní-ITT? En el sentido más amplio, es un anteproyecto que ha sido criticado acertadamente por su falta de coherencia.[4] Más específicamente, es la visión de Rafael Correa, Presidente de Ecuador, que propone para su país una compensación de la comunidad internacional por no extraer petróleo de los yacimientos de ITT dentro del

Parque Nacional Yasuní.[5] ¿Por qué le debe pagar la comunidad internacional a alguien por no hacer nada? ¿Cuánto le debe pagar? y ¿Cómo le debe pagar? Éstas son algunas de las preguntas que exploro en este libro. Para que las respuestas sean coherentes se requiere un enfoque alternativo al cambio climático, a la política internacional, y al desarrollo sustentable. Con el fin de ser escuchado, debo asumir la imagen de un personaje provocador.

He contextualizado mis argumentos no sólo en temas de actualidad, sino también en el paso avasallador de la historia. En nuestra era de cambio climático y extinción masiva, la coherencia en la política pública es una condición necesaria para "la prosperidad humana, la seguridad energética, y la sustentabilidad ambiental",[6] pero nunca será suficiente. Uno también debe forzosamente reconocer que existe la necesidad misma. Dada las múltiples manifestaciones de la crisis creada por el ser humano, el momento propicio para *La economía de la Iniciativa de Yasuní-ITT* no podría ser mejor.

Joseph Henry Vogel
Profesor de Economía
Universidad de Puerto Rico-Río Piedras
San Juan, Puerto Rico
www.josephhenryvogel.com

AGRADECIMIENTOS

En diciembre de 2008, visité a María Fernanda Espinosa, Representante Permanente de Ecuador ante las Naciones Unidas en el Consulado General en Nueva York. La cita en cuestión era para hablar sobre la publicación de mi próxima antología *The Museum of Bioprospecting, Intellectual Property, and the Public Domain* (El Museo de la bioprospección, la propiedad intelectual, y el dominio público) para su lanzamiento en la Décima Conferencia de las Partes de las Naciones Unidas concerniente a la Convenio sobre la Diversidad Biológica (CDB), prevista para 2010 en Nagoya, Japón. Fue para mí una agradable sorpresa coincidir en el Consulado General con el economista ecuatoriano Carlos Larrea. De forma sorpresiva lo que supe a continuación fue que había sido reclutado para la Iniciativa Yasuní-ITT. La reflexión tanto de María Fernanda, como de Carlos, fue que mi experiencia en el CDB se podría aplicar a la Convención Marco de las Naciones Unidas sobre el Cambio Climático (CMNUCC). La coincidencia de la visita de Carlos con la mía fue un hecho casual, típico de los puntos de bifurcación en la termodinámica del no equilibrio. Además de agradecer a María Fernanda y a Carlos por esta oportunidad, supongo que también cabe agradecer la afortunada coincidencia que llevó al encuentro.

La Oficina del Programa de las Naciones Unidas para el Desarrollo (PNUD) en Ecuador formalizó mi consultoría en marzo de 2009. Quisiera agradecer a José Vicente Troya y Ana María Varea por su compromiso con el proyecto. Al Presidente de la Comisión Yasuní-ITT, Roque Sevilla, quién me dio la libertad de escribir lo que yo considerara apropiado. Antes de llegar a un acuerdo, puse una sola condición: debía visitar la Reserva de la Biosfera, en las entrañas de la Amazonía ecuatoriana. Con demasiada frecuencia los economistas de escritorio sugieren políticas sin haber jamás visitado el lugar sobre el que escriben.

A la semana siguiente ya estaba en camino a Yasuní con un grupo de estudiantes universitarios estadounidenses de la School for International Training (SIT). La logística era un asunto de todo el día. Aparte del vuelo sobre los Andes y algunos viajes en autobuses destartalados, hubo dos excursiones en lancha, la última cerca de tres horas, virando constantemente por ríos serpentinos. Recibimos alojamiento en la cómoda Estación Biológica Tiputini, dirigida por la Universidad de San Francisco de Quito. Doy las gracias a la directora del programa de SIT, Sylvia Seger, y a la ecologista Peggy Stern, también afiliada con el programa. Fue una semana fascinante, rejuvenecedora, e incluso desintoxicante (por ejemplo, no se permite nada de alcohol en la Estación Biológica Tiputini). Sylvia me contó que va a Yasuní cada semestre y siempre observa algo nuevo, tal es la riqueza de este "hotspot" (punto caliente) de biodiversidad. Habiendo experimentado el lugar personalmente, la responsabilidad subyacente es inmensa. En caso de que los esfuerzos de la Iniciativa Yasuní-ITT sean infructuosos, la magnificencia de la reserva será canjeada por un par de días llenando los tanques de gasolina de carros en los países industrializados del Norte. El cálculo me lo explicó Xavier Silva, codirector del SIT y ornitólogo que, a pesar de la posible tragedia, mantiene su buen ánimo.

Una semana más tarde, con una imagen bien formada de Yasuní, empecé a escribir. Al igual que las historias por entrega en los periódicos de antaño, *La economía de la Iniciativa Yasuní-ITT* empezó a aparecer capítulo tras capítulo. Sin embargo, el medio de comunicación no fue el papel prensa, sino por medio de archivos adjuntos en correos electrónicos. Quiero expresar mi agradecimiento a quienes conformaron la Comisión y no presionaron la tecla de borrado, ni activaron el filtro de SPAM: Natalia Greene, Carolina Zambrano, Federico Starnfeld, Andrés Hubenthal, Marcelo Baquero, Olga Cavalucci, y Carina Bracer. Cualquier texto escrito necesita de retroalimentación, no sólo escrita, sino también oral. De forma que también deseo agradecer a los asistentes que se quedaron despiertos para escuchar mis conferencias en los siguientes encuentros y sobre todo agradecer a quienes hicieron preguntas directas: La Estación de Biodiversidad Tiputini, (Parque Nacional Yasuní, Orellana, Ecuador, 15 de marzo de 2009), "EE.UU. y el Protocolo de Kioto después de 2012", (Universidad de Puerto Rico-Río Piedras, 2 de abril de 2009), "*Trade-offs* entre conservación y desarrollo en el Perú" (Lima, Perú, 24 de junio de 2009), el Seminario-Taller Ambiente y Nueva Arquitectura Financiera Regional (Quito, Ecuador, 6 de agosto de 2009), FLACSO Argentina (Buenos Aires, 21 de septiembre de 2009) y "Cambio Climático y Buen Vivir" (Cochabamba, Bolivia, 10 de octubre de 2009).

En medio de la elaboración de los capítulos, recibí la invitación de colaborar en un artículo titulado "Dejar el crudo en tierra o la búsqueda del paraíso perdido", posteriormente publicado por el Programa de las Américas del Centro para el Desarrollo de la Política Internacional (Washington, DC, 13 agosto de 2009). Gran parte de mi contribución a este artículo coincide parcialmente con este libro y me gustaría dar las gracias a mis coautores Esperanza Martínez, Alberto Acosta, y Eduardo Gudynas.

Mi principal criterio al momento de elegir una casa editorial para *La economía de la Iniciativa Yasuní-ITT*, fue la accesibilidad gratuita en Internet mediante una casa editorial principal. Al examinar las posibilidades, recibí la valiosa aportación de Matt Finer, quien escribió el primer artículo arbitrado sobre la Iniciativa Yasuní. James Aronson siempre proporcionó excelentes consejos basados en sus recientes experiencias en la publicación acerca de la conservación de la biodiversidad tropical. El contacto inicial con Anthem Press se realizó por medio de una recomendación de Robert Davis, de la United Nations University Press (Editorial de la Universidad de las Naciones Unidas).

El tener especial atención para los detalles es un requisito para la corrección de estilo, ya que mientras más depurado esté el manuscrito, más fácil será la tarea del corrector de estilo. Me he beneficiado enormemente de los comentarios de Jerry Hoeg, Paul Baymon, Barbara A. Hocking, Camilo Gomides, Teodora Zamudio, and Maritza Stanchich. Marcaron errores, a veces aparentemente pequeños, e hicieron algunos comentarios perspicaces. Por ejemplo, Maritza sugirió sociedad pre-alfabetizada en lugar de "analfabeta" en el Capítulo 4 y esa sustitución en gran medida aclara el significado. Sus pelos se pusieron en punta con mi discusión sobre la planificación familiar en el Capítulo 5, lo cual me indujo a elaborar el argumento con más detalle para que el público en general no me mal interpretara.

La elección de la imagen para la sobrecubierta del libro es mía. Aunque al presentar la Tierra y Venus de lado a lado me arriesgue a un rechazo de mi trabajo como de tipo "ultra-maltusiano"; no he encontrado imagen alguna que capte de mejor manera lo que está en juego. Me gustaría dar las gracias a las ONG que mostraron el cartel de la sobrecubierta del libro en el Foro del Clima de la decimoquinta Conferencia de las Partes (XV-COP) de la CMNUCC. En la XV-COP disfruté del estatus de observador a través de mi afiliación con la Fundación Futuro Latinoamericana de Ecuador y agradezco a la coordinadora, Mónica Andrade, y a los miembros de la junta Jorge Caillaux y Yolanda Kakabadse.

Quisiera expresar mi especial gratitud a las organizaciones que ayudaron económicamente para hacer este libro disponible en la web y de forma gratuita. Encabeza la lista el PNUD-Ecuador. También debo agradecer a Tej P. S. Sood de Anthem Press por experimentar con un libro de acceso libre y simultáneamente publicar ediciones de tapa dura y blanda.

Muchos no estarán de acuerdo con todo lo presentado en este libro (ni deberían estarlo), pero creo que todos estarán de acuerdo con la urgencia de sobreponernos al cuello de botella que supone una *economía de vaquero*. Este libro versa sobre mi opinión personal. A través de su acceso gratuito en la web, espero que no permanezca siendo sólo mío. No obstante, el descargo de responsabilidades que habitualmente se hace, aquí se aplica tanto a las personas mencionadas, como a las instituciones que han colaborado de alguna forma.

Los toques finales al manuscrito fueron hechos durante el tiempo de inactividad de la Primera Audiencia del Tribunal Internacional de Justicia Climática, celebrada en Cochabamba, Bolivia (13–14 de octubre de 2009). La sede fue el auditorio de la Facultad de Derecho de la Universidad Mayor de San Simón Bolívar. Cientos de espectadores presenciaron los casos expuestos ante el Tribunal. Participé como uno de los ocho miembros del jurado. Algunos casos fueron desgarradores, lo que develó en el ambiente una clara pasión por la justicia.

Sobre el escenario se encontraba una mesa para que el jurado pudiera estar a la vista del público. Sentada en el centro estaba la primera magistrada, la octogenaria Nora Morales de Cortiñas de las Madres de la Plaza de Mayo (Línea Fundadora) de Buenos Aires, Argentina. Su cabello estaba cubierto con un pañuelo blanco bordado con la fecha de la desaparición de su hijo, Carlos Gustavo (15 de abril de 1977). Colgada de su cuello, llevaba una foto del Carlos que en ese entonces tenía 24 años. Después de un receso de horas para deliberar los casos, volvimos al auditorio y el público todavía se contaba por centenares. Con voz clara y contundente, cada uno de los miembros del jurado leyó algunos párrafos del proyecto de sentencia.

Nora cerró el tribunal. De pie a menos de cinco pies de alto, levantó el puño cerrado, exigiendo justicia por las víctimas de los crímenes internacionales de lesa humanidad. Su presencia nos recordó que el cambio climático es uno de esos crímenes. Escudriñando la sala y en nombre de los "desaparecidos", clamó por su asistencia. El público respondió estruendosamente ¡Presente!

En el eco, yo también podía oír el susurro del aún no nacido, "Presente".

ABREVIACIONES Y SIGLAS

ADEA	Age Discrimination in Employment Act of 1967 (Ley contra la Discriminación por motivos de la Edad de 1967)
CCS	Captura y almacenamiento de carbono
CDB	Convenio sobre la Diversidad Biológica
CMNUCC	Convención Marco de las Naciones Unidas sobre el Cambio Climático
CO_2e	Dióxido de carbono equivalente
COP	Conferencia de las Partes
EPA	Environmental Protection Agency (Agencia de Protección Ambiental)
FLACSO	Facultad Latinoamericana de Ciencias Sociales
G-20	Grupo de los 20
G-8	Grupo de los 8
IDH	Índice de Desarrollo Humano
IPCC	Grupo Intergubernamental de Expertos sobre Cambio Climático
ITT	Isphingo, Tambococha y Tiputini
MDL	Mecanismo de Desarrollo Limpio
NAMAs	Nationally Appropriate Mitigation Actions (Acción Nacional de Mitigación Apropiada)
NIMBY	Not-in-my-back-yard (No en mi patio trasero)
NIMTO	Not-in-my-term-of-office (No durante mi mandato)
ONG	Organización No Gubernamental
ONU-REDD	Programa Colaborativo de las Naciones Unidas para la Reducción de Emisiones de la Deforestación y la Degradación de Bosques
OPEP	Organización de Países Exportadores de Petróleo

PIB	Producto Interno Bruto
SIMTO	Solely-in-my-term-of-office (Únicamente durante mi mandato)
SIT	School for International Training
TNE	Termodinámica de no equilibrio
WPA	Works Progress Administration (Agencia de promoción de empleo)

Capítulo 1
LA TERMODINÁMICA
La lengua escogida delimita el debate

Los "costos irrecuperables" se revelan como un concepto útil. Su definición en la teoría económica tiene muchas expresiones a partir del lenguaje popular como "no gastar dinero bueno después del malo" y "borrón y cuenta nueva". Utilizando un lenguaje menos coloquial, las decisiones deberían tomarse sobre la base de los beneficios futuros en relación a los costos futuros y no sobre la base de costos pasados. No se debe permitir que una mala decisión en el pasado condicione la nueva decisión a adoptar. Sin embargo, ocurre y es por eso que los "costos irrecuperables" se revelan como un concepto útil. Las aparentemente interminables guerras de los EE.UU. en Afganistán e Irak son un buen ejemplo. La política explica por qué los presidentes y primeros ministros no aplican el concepto de costos irrecuperables. En asuntos tan graves como la guerra, la reversión del curso tomado es una admisión de un error descomunal. Por ello, para evitar pagar el precio político, los Jefes de Estado evaden e ignoran el concepto de costos irrecuperables. En el caso de los conflictos bélicos de los EE.UU., el precio se estima ya alrededor de los billones de dólares.[1]

La teoría económica no lo hace de manera diferente. Su marco conceptual ahora incluye costos irrecuperables, y en ninguna parte es esto más evidente que en el cambio climático y la entrelazada crisis de la extinción en masa. Subrayo el adverbio "ahora" para resaltar que en algún momento los beneficios del marco teórico económico eran mayores que los costos, pero ese tiempo ya pasó hace mucho. ¿Cuándo pasó? ¿Por qué pasó? ¿Y qué es exactamente lo que quiero decir con la teoría económica?

Concentrémonos en la última pregunta. La teoría económica propone un modelo muy seductor para la asignación de recursos. De hecho, es tan simple, que un pequeño esbozo puede definirlo, pues se supone que la gente es racional, y que además expresará su interés en el mercado. Mediante el ajuste continuo de precios y cantidades, la asignación de recursos continuamente llevará hacia un equilibrio en el cual la oferta de bienes y servicios se igualará a la demanda de los mismos. Existen libros introductorios que ilustran mediante diagramas el proceso como un flujo circular donde los hogares proveen los factores (tierra, trabajo y capital) y las empresas, los bienes y servicios.[2] Tales diagramas vienen con una advertencia que se encuentra unas páginas más adelante, v.gr., siempre que la naturaleza de un bien milite en contra de una transacción de mercado (por ejemplo, un faro), el gobierno deberá proveerlo o pensar en alguna manera de crear un mercado donde anteriormente no hubiere ninguno.[3]

Habiendo definido la parte de la "teoría económica", volvamos a nuestras preguntas iniciales: "¿cuándo pasó ese tiempo?" y "¿por qué pasó?" Un indicio se encuentra al preguntarse "¿cuándo comenzó la teoría económica?" y "¿por qué comenzó?" En el primer capítulo de *Vida y doctrina de los grandes economistas* (The Worldly Philosophers), Robert L. Heilbroner señala:

> un hecho sorprendente: el hombre venía luchando con los problemas económicos desde mucho antes del tiempo de los faraones, y en el transcurso de todos esos siglos había producido veintenas de filósofos, de científicos, de pensadores políticos, de historiadores, así como había producido también artistas por gruesos y estadistas por centenares de docenas. ¿Cómo, pues, no había producido economistas?[4]

El siguiente capítulo se titula "La revolución económica" y ahí Heilbroner resuelve el enigma: "los elementos abstractos" de producción (v.gr., tierra negociable, mano de obra disponible y capital líquido) no fueron lo suficientemente abundantes durante la mayor parte de la historia como para que la teoría económica se preocupara en explicar la asignación de los recursos. "Al faltarle [al] Medievo la tierra, el trabajo y el capital, tenía que faltarle el mercado (aunque tuviese sus pintorescos mercados y ferias ambulantes); y, al faltarle el mercado la sociedad se guiaba por la costumbre y la tradición".[5] El ecólogo interpretaría la explicación de Heilbroner como una cuestión de *escala*. Tierra negociable, mano de obra disponible, y capital líquido de hecho existieron antes de finales del siglo XVIII, pero no en la escala necesaria para justificar la asignación de la mayoría de recursos. Al igual que la escala es la respuesta final al "¿por qué la teoría económica empezó?" también es la respuesta al "¿por qué su tiempo ya pasó?" En algún momento, la magnitud de la contaminación, ignorada en el flujo circular entre hogares y empresas, alcanza un umbral en que se comienzan a reconfigurar las posibilidades de producción de tal forma que la pregunta "¿cuándo pasó?" realmente se convierte en "¿cuándo se alcanzó esa escala?"

Es tentador avanzar rápidamente un par de siglos y marcar la fecha final de la utilidad de la teoría económica al primer Grupo Intergubernamental de Expertos sobre el Cambio Climático (IPCC por sus siglas en inglés), convocado por Margaret Thatcher en 1990.[6] Para esa fecha, la magnitud de la contaminación mundial ya se tenía presente. Sin embargo, el IPCC no sucedió de la noche a la mañana. Nos hemos adelantado a nuestra cronología y por lo tanto debemos retroceder un poco. El IPCC había quedado rezagado en cuanto a la creciente conciencia pública de que los gases invernaderos representaban una amenaza tanto para la humanidad como para la biosfera. Por lo tanto, yo pondría la fecha de vencimiento de la utilidad de la teoría económica veinte años antes, alrededor del primer Día de la Tierra: en 1970. Sin embargo, al igual que el IPCC, el Día inaugural de la Tierra también se había quedado atrás en relación a otra toma de conciencia que cuajó con enorme éxito en 1962 con la publicación de *La primavera silenciosa* de Rachel Carson. En 1966, el economista Kenneth E. Boulding expresó una alternativa a la teoría ortodoxa en *La economía futura de la Tierra como un Navío Espacial*: "La medida esencial del éxito de la economía no es la producción y el consumo, sino la naturaleza, la extensión, la calidad y la complejidad del acervo total de capital, incluido el estado de los cuerpos y las mentes de los seres humanos del sistema".[7] No obstante, la sirena para una nueva economía originalmente suena en gran medida fuera de la economía—un resultado consonante con *La estructura de las revoluciones científicas* de Thomas Kuhn.[8] Me refiero a "La tragedia de los comunes" de Garrett Hardin y la muy difamada *The Population Bomb* (La bomba de la población) por Paul R. Erhlich.[9] Ambas fueron publicadas en 1968, el año tumultuoso en el que los estudiantes se manifestaron en Washington y se rebelaron en París. El elegantemente breve artículo de Hardin se convirtió rápidamente en uno de los más citados en la historia de *Science* y el libro de Ehrlich en un éxito de venta instantáneo.[10]

Los políticos de la época respondieron al renovado sentimiento público y a la popularizada investigación científica. En los EE.UU., el gobierno republicano de Richard Milhous Nixon (1968–1974) asimiló las varias lecciones del movimiento ecologista y estableció la Agencia de Protección Ambiental (EPA por sus siglas en inglés) en 1970. A finales de esa década, casi todos los países del Norte habían establecido algún tipo de ministerio o agencia de protección del medio ambiente. En el Sur, se tardó un poco más. Ecuador, por ejemplo, solo estableció su Ministerio de Ambiente en 1996, irónicamente albergando sus oficinas temporales sobre una sala de venta de vehículos 4×4, devoradores de gasolina.

Algunos podrán estar en desacuerdo con mi cronología de los costos irrecuperables de la teoría económica y la transición a los límites institucionales. Citarán la contrarrevolución de Ronald Reagan que anunció la desregulación masiva mientras pregonó el capitalismo salvaje. El optimismo fue de rigor durante la presidencia de Reagan (1980–1988) y el ecologismo, el cáliz de quienes profesaban su desastre. Según el pensamiento de Reagan, los árboles liberaban más CO_2 que los carros, y la erupción del Monte Santa Helena, más dióxido de azufre que la flota de automóviles existente en todo el mundo.[11] Lo que el ex-actor le hizo a la ciencia, también se lo hizo a la economía.[12] La nueva "Reaganomics" (economía al estilo de Reagan) se basaba en el improbable supuesto de que recortes fiscales al impuesto sobre los ingresos aumentarían los ingresos fiscales. El experimento se realizó durante el mandato de Reagan con resultados sorprendentemente desastrosos: el déficit se disparó al doble de lo que habían previsto los "pesimistas" contrarios al oficialismo.[13] A pesar de que los miembros de la profesión económica repugnaban la denominada "Reaganomics", pocos se percataron cuán cómplice fue la teoría económica ortodoxa. Con respecto a la regulación y contaminación, el lenguaje obtuso de la economía contrastaba con las prescripciones inequívocas de la "economía del lado de la oferta". Economistas ortodoxos veían la contaminación como un problema técnico a la espera de una solución técnica, proveniente de economistas que experimentaban con modelos matemáticos.[14] En muchos sentidos, *El Informe Stern* es la culminación de la espera y el rechazo a prolongar la misma.[15]

A diferencia de los profesores de economía, los políticos viven a corto plazo y siempre han sentido "la feroz urgencia del presente".[16] En los EE.UU. una sucesión de gobiernos, tanto republicanos como demócratas (Reagan I y II, Bush-padre I, Clinton I y II, y Bush-hijo I y II), rescindieron o se negaron a aceptar los nuevos límites institucionales propuestos en el extranjero (por ejemplo, el Protocolo de Kioto, el Convenio sobre la Diversidad Biológica, el Derecho del Mar). Aún peor fue que los partidos en el poder debilitaron los límites institucionales previamente impuestos desde dentro (por ejemplo, las normas de la Eficiencia Media Corporativa de Combustible, la Ley de Agua Limpia, la Ley de Aire Limpio, etcétera). En otras palabras, desde Reagan I hasta Bush-hijo II, los intereses creados lograron desplazar los costos al mundo exterior y a futuras generaciones de estadounidenses. No obstante la resistencia interna existía y ésta era rotundamente ridiculizada. Walter Mondale, el contrincante demócrata de Reagan en la carrera presidencial de 1984 hizo campaña contra "la economía de la tarjeta de crédito" y sufrió la más aplastante derrota jamás registrada (49 de los 50 estados). El éxito en el desplazamiento de costos alcanzó su apogeo bajo el descaro de George W. Bush, quien ha sido bautizado como "el fiel heredero del conservadurismo".[17]

Cabe preguntarse, ¿dónde estaba el resto del mundo? Los líderes de otros países miembros de la OCDE se sentían avergonzados por los excesos de EE.UU., pero no lo suficiente como para decir que no. Su beneplácito al "Consenso de Washington" impuso la austeridad en países menos desarrollados.[18] Entre los muchos horrores, la austeridad se tradujo en presupuestos reducidos para las agencias reguladoras.[19] La pusilanimidad se mezcló con la hipocresía cuando un líder tras otro endosó la Agenda 21 – el plan global de acción para el desarrollo sustentable.[20] Una vez firmado, sus nobles objetivos fueron rápidamente olvidados. Mediante el paso avasallador de la historia, la deuda ecológica de Norte a Sur, podría decirse que empezó desde el primer viaje de Colón, tomando una nueva y escalofriante forma en 1990: el cambio climático.

¿Por qué la sociedad civil tanto del Norte como del Sur no se opuso? La realidad sin embargo es que sí se opusieron. El lugar más visible de ello ha sido el Foro Mundial sobre el Desarrollo Sostenible – el anti-Davos que se celebra anualmente en el Sur. Otras acciones también han sido notables, pero rara vez se les ha dado difusión en los medios de comunicación corporativos. Por razones de espacio, mencionaré sólo una. El "Día de la Deuda Ecológica" se celebra cada año y, ocasionalmente, es cubierto por la BBC, pero nunca por los medios corporativos como CNN o FOX. El Día de la Deuda Ecológica oficia el día en que la humanidad habrá agotado los recursos que la naturaleza habría renovado durante todo el año. La inauguración del "Día de la Deuda Ecológica" fue el 19 diciembre de 1987 y en 2008 se cambió al 23 de septiembre. En resumen, el Sur nunca se quedó dormido en relación a sus derechos y, por ende, la doctrina de la negligencia procesal (*laches*) no puede ser invocada.

Es fácil criticar lo que pasó y mucho más difícil construir alternativas para el futuro. De hecho, el rechazo de la teoría económica debe significar la aceptación de otra cosa. Sorprendentemente, esa otra cosa no es nueva, no es radical, y tampoco está fuera de la historia del pensamiento económico. No es otra cosa que la ciencia convencional que está basada en lo que Albert Einstein estaba "convencido" era "la única teoría física de contenido universal respecto a... que, en el marco de la aplicabilidad de sus conceptos básicos, nunca será derrocada".[21] Me refiero a las implicaciones económicas de la termodinámica del siglo XIX y, más concretamente, a la termodinámica de no equilibrio del siglo XXI (TNE).

Así como la teoría económica es lo suficientemente simple para permitir un pequeño esbozo, también lo es la TNE. La primera ley de la termodinámica es que la materia y la energía se conservan. La segunda ley, también conocida como la ley de la entropía, es que el desorden aumenta en un sistema cerrado. Las aparentes contradicciones (por ejemplo, la vida, un cristal, una llama) son de hecho compatibles con la segunda ley cuando uno reconoce que el sistema de la Tierra está abierto y que el nuevo orden es a costa de incrementar el desorden creciente de la gradiente de energía (por ejemplo, los alimentos digeridos, el calor disipado en la cristalización, la cera de la vela quemada). Eric Schneider pionero de la TNE, y Dorion Sagan, escritor de ciencia, lo propusieron de esta manera: "Hay varias diferencias entre las gradientes alimentadas por los sistemas cíclicos del tiempo y los de la vida. Los sistemas vivos, por ejemplo, a pesar de ser de gradiente y cíclicos, persisten en su conjunto mucho más tiempo que el sistema de tormentas promedio. Sin embargo, tanto los sistemas de tormentas y los de la vida pertenecen a la misma categoría. Ambos son sistemas de la TNE".[22]

Con la psiquis pública preparada mediante la turbulenta década de los sesenta, la teoría económica estaba lista para un verdadero Gestalt en los años setenta. En 1971, Nicholas Georgescu-Roegen publicó *La ley de la entropía y el proceso económico*, y en 1973, E.F. Schumacher publicó *Lo pequeño es hermoso: La economía como si la gente importa*. Georgescu-Roegen conceptualizó la asignación de recursos como flujos metabólicos de materia y energía que se mueven constantemente hacia el sumidero; Schumacher defendió tecnologías apropiadas para manejar esos flujos y "obtener el máximo nivel de bienestar por la mínima cantidad de consumo".[23] Herman E. Daly, podría decirse el estudiante más ilustre de Georgescu-Roegen, elaboró las implicaciones en *Steady State Economics* (La economía del estado estacionario) (1977) y puso en marcha los principios operativos del desarrollo sustentable. Una escuela identificable de pensamiento había surgido, pero fue recibida con un silencio absoluto por la teoría económica. En el prefacio a la segunda edición de *Steady State Economics* (1991), Daly comentó que la primera edición fue "vorazmente ignorada por los economistas de las principales universidades, [aunque] logró captar la atención de muchos biólogos".[24] En el nuevo milenio, es mucho más difícil el "vorazmente ignorar" la economía ecológica, ya que las revistas académicas, textos de estudiantes universitarios, y las grandes sociedades internacionales se han unido bajo su bandera.[25] No obstante, no es imposible que se la ignore. *El Informe Stern* no indexa la economía ecológica, tampoco la termodinámica, y continúa con la práctica de la economía ortodoxa como de costumbre.

Así como la teoría económica ofrece la posibilidad de un simple diagrama para representar la asignación de recursos, también lo hace la termodinámica. Sin embargo, es todo lo contrario a un círculo. Georgescu-Roegen, escribe:

Ninguna otra concepción podría estar más lejos de la correcta interpretación de los hechos. Incluso si sólo el hecho físico del proceso económico se tiene en cuenta, este proceso no es circular, sino unidireccional. Sólo en cuanto a lo que este aspecto se refiere, el proceso económico consiste en una transformación continua de baja entropía en alta entropía, es decir, en desecho irrevocable o, bajo un término tópico, en contaminación.[26]

Quizás inspirado por Georgescu-Roegen, Hardin dibujó un diagrama unidireccional para "una verdadera forma general de la función de producción bajo las normas contables de una sociedad que ha adoptado la ecología espacial debidamente dando la misma importancia a la fuente, la producción, y el sumidero:

Fuente (recursos) → *Producción (alteraciones)* → *Sumidero (la contaminación de los mismos)*"[27]

(cursiva de Hardin)

Hardin contrastó la línea recta de arriba con la "economía de los vaqueros" del proceso circular:

"Recursos Confusos → **Producción** → *Residuos desechables"*[28]

(cursiva y tamaño diferencial del tipo de letra en el original de Hardin)

Aunque burlesco, "vaquero" es sin embargo una buena metáfora para calificar a los economistas que consideran los recursos ilimitados y el sumidero insondable (mirando hacia abajo) o infinito (mirando hacia arriba).[29] Metafóricamente, se puede incluso decir que el Adam Smith del siglo XVIII fue el primer "economista vaquero", a pesar de jamás haber puesto un pie en el Oeste norteamericano que, en esa época, era el Oeste de Pennsylvania y el Valle de Ohio. A Smith se le puede calificar como "vaquero", dado que la "mano invisible" no reconoce la transformación física de recursos escasos y su impacto sobre el sumidero. No obstante, la omisión de Smith era excusable a causa de la *escala*.[30] Por ejemplo, la fábrica de alfileres que Smith celebra en el primer capítulo de *La riqueza de las naciones* debe haber tenido una chimenea para quemar el carbón, pero el humo no merecía consideración dado el vasto cielo escocés de 1776. Empero, el tiempo pasa y, con la revolución industrial del siglo XIX, lo que antes era una pluma insignificante se convirtió paulatinamente en el Big Smoke (la Gran Humareda). En el siglo XX, inclusive el cielo cobraría un nuevo significado. Al no estar asociado con una sola nación, la atmósfera se cuantificaba por su composición química por cada millonésima parte (ppm) y era calificada como un bien común global. Termodinámicamente, la atmósfera es un sumidero de acceso abierto con una profundidad de apenas veinte kilómetros, "más o menos equivalente a la cáscara en una manzana".[31] Los economistas ortodoxos deben tener en cuenta que no existe un sumidero sustituto y que la tecnología no puede crear uno. Aquellos que deseen lanzar nuestros desechos al espacio profundo, que lo piensen – los costos de la energía podrían crear más entropía que los residuos desechables; aquéllos que quieran tirar nuestros desechos en las profundidades de la Tierra, piénsenlo de nuevo – esas cavidades también tienen un espacio limitado.[32]

¡Basta ya de tantas diatribas! reclamará el economista ortodoxo. *¿Acaso no podemos extender la noción de escasez y mercados a la cáscara de la manzana y seguir adelante?* Varios economistas brillantes están haciendo justamente eso. Ven al mercado como la solución más prometedora. Graciela Chichilnisky, Profesora de Matemáticas y Economía de la UNESCO en la Universidad de Columbia, diseño el lenguaje del Protocolo de Kioto, sin el cual el mercado de 60 mil millones de dólares de carbono (y contando) en Europa no habría surgido.[33] Richard Sandor, quien se describe como un "economista humilde" que sólo quiere "resolver el problema del calentamiento global", ha lanzado la Bolsa del Clima de Chicago, un sistema voluntario.[34] Otros economistas brillantes han examinado si estos nuevos mercados tienen el efecto deseado dadas las complejidades del comercio internacional, así como la posibilidad subsidiaria de efectos perversos.[35] A pesar de cierta aprehensión, el éxito ampliamente reconocido de permisos negociables de dióxido de azufre en los EE.UU. es motivo suficiente para la esperanza de los mercados de carbono. No obstante, como explicaré en los capítulos siguientes, hasta un impresionante éxito de permisos de emisión sólo puede ser un puente para la solución a largo plazo. Utilizando la fraseología de Hardin de "La tragedia de los comunes", la solución a largo plazo requerirá de "educación continua", no sólo por la "tendencia natural de hacer lo incorrecto ", pero debido a una erosión casi imperceptible de las ganancias impulsada por el aumento poblacional y el consumismo sin sentido. Las autoridades deben realizar varias tareas y trabajar profusamente sobre una estrategia a corto plazo (por ejemplo, los mercados de carbono, impuestos sobre el carbono y el Mecanismo de Desarrollo Limpio) sin descuidar la estrategia a largo plazo (por ejemplo, la política poblacional y la formación de preferencias verdes).[36]

El idioma elegido para analizar las políticas canalizará la evolución de las políticas simultáneas a corto y largo plazo. A pesar de que cambiar la redacción del Protocolo de Kioto ahora sería una tarea monumental, el emplear un lenguaje diferente para su análisis en realidad es bastante fácil. *El Informe Stern* utiliza el lenguaje de la teoría económica que restringe las opciones de política a la tarifa habitual de los permisos en comparación con los impuestos y sus combinaciones. Voy a utilizar el lenguaje de la TNE, que, por ser a la vez exigente y amplio, permite una gama más variada de opciones para formular política pública. Al hablar sobre el cambio climático en los términos de la TNE, la justificación de la Iniciativa Yasuní-ITT rápidamente se aclara.

Podemos comenzar con el término "cambio climático". Muchos de nosotros utilizamos erróneamente el término de manera intercambiable con el de "calentamiento global", no porque no sepamos mejor, sino porque este último se ha fosilizado en nuestro discurso a través de décadas de repetición. En una reflexión personal, recuerdo haber leído sobre el calentamiento global y el efecto invernadero cuando cursaba el cuarto grado de primaria. Eso fue en 1965. La educación primaria ha avanzado mucho desde la época de las cartillas escolares de los años sesenta. En la "página de los niños" del Pew Center on Global Climate Change (Centro Pew sobre Cambio Climático Global), la diferencia entre el "calentamiento global" y "cambio climático" aparece en una de las muchas preguntas frecuentes: "El calentamiento global se refiere al aumento de la temperatura promedio en la superficie de la Tierra debido a una acumulación de gases de efecto invernadero en la atmósfera. El cambio climático es un término más amplio que se refiere a cambios a largo plazo en el clima, incluyendo la temperatura y la precipitación promedio".[37] Tanto en el cálculo de discriminación como amplitud, el "cambio climático" es preferible al "calentamiento global", ya que permite la posibilidad de un enfriamiento regional, así como otros fenómenos climáticos más allá de sólo la temperatura. Sin embargo, para los fines de discusión sobre el manejo de bienes comunes, el término "cambio climático" se queda corto, siendo lo suficientemente amplio como para significar casi cualquier cosa o nada. El cambio climático no va emparejado con la noción de urgencia – existiendo una falta de vigor. Ya en el año 500 A.C., el filósofo griego Heráclito argumentó que la única cosa constante es el cambio en sí mismo: "Para los que dan un paso en los mismos ríos fluyen otras y aún otras aguas. Todas las cosas... están en proceso de cambio como un río".[38] ¿Qué palabra de la TNE debe reemplazar "el cambio climático?" La respuesta está en la comprensión del fenómeno del cambio climático en términos de la TNE. El físico Eric J. Chaisson escribe en su libro popular *Cosmic Evolution: The Rise of Complexity in Nature* (Evolución cósmica: el ascenso de la complejidad en la naturaleza):

La termodinámica del no equilibrio establece que los estados radicalmente diferentes entre sí pueden suplantarse el uno al otro con repentina brusquedad, adaptándose a estados complejos que además son nuevos, aún cuando las condiciones del contorno cambian lentamente. El resultado, raro y catastrófico, podría ser el cambio climático violento o la alteración del ciclo de la superficie de materia y energía – en gran medida una respuesta determinista a un acontecimiento decididamente estocástico, y todo explicable (si no previsible) en función de principios científicos inmutables con respecto a gradientes, flujos, tendencias, y ciclos. Una solución común a las ecuaciones del sistema dinámico que rigen los estados de no equilibrio... es la de una "bifurcación".[39]

A pesar de la elección de Chaisson de "cambio climático", el término "fluctuación" se adhiere mejor a los adjetivos de "violento" y "catastrófico". De hecho, "fluctuación" es la palabra que Ilya Prigogine utiliza para describir estos fenómenos en su trabajo sobre la TNE por el cual ganó el Premio Nobel de Química en 1977.[40] De este punto en adelante, me referiré a "cambio climático" como "las fluctuaciones del clima", que en última instancia conduce a la "transformación del clima".

Al hacer el arduo ajuste para un conjunto más preciso de términos, estoy siguiendo los consejos de E.O. Wilson que señala que "[e]l primer paso hacia la sabiduría, como dicen los chinos, es catalogar a las cosas por sus nombres verdaderos".[41] De acuerdo a la TNE, las fluctuaciones climáticas se deben a cambios en la composición de la atmósfera (es decir, las "condiciones de contorno"), resultante de una "disipación" de las reservas subterráneas de carbono hacia el "sumidero" (es decir, la atmósfera). Las nuevas condiciones de contorno impiden que una parte de la radiación infrarroja se escape al otro sumidero (es decir, el espacio profundo). Clasificado así, el asunto invita a una conversación sobre el acceso al sumidero y los derechos directos sobre él mismo, donde políticos, responsables de formular políticas públicas, e incluso "los economistas humildes"

Figura 1.1   El efecto invernadero de *El Informe Stern*, 6.

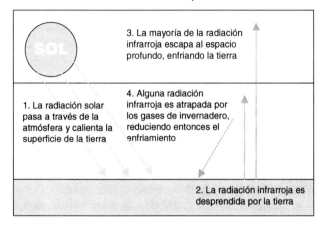

Figura 1.2   El efecto invernadero, pensando termodinámicamente.

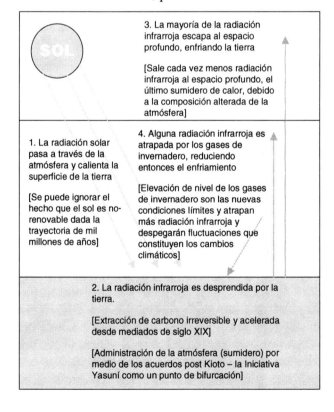

llegan a ser "puntos de bifurcación" con respecto a los flujos futuros de materia y energía. Los términos en cursiva en este párrafo son de nuevo los favorecidos por Prigogine.

La Figura 1.1 es un diagrama del efecto invernadero tal y como aparece en *El Informe Stern*. La Figura 1.2 es el mismo diagrama, pero incluye un lenguaje que es a la vez más sofisticado (el tiempo para la evolución del sol y la atmósfera de la Tierra), cuanto más amplio (preguntas con respecto al reclamo del Sur por no haberse apropiado del sumidero bajo una industrialización sucia). Ya que la composición del sumidero constituye condiciones de contorno, el debate post-Kioto es un conjunto de puntos de bifurcación de los flujos futuros de materia y energía. Uno de los puntos en que se agrupan es la Iniciativa Yasuní-ITT. Pensando termodinámicamente, desde el punto de bifurcación de una idea nueva pueden surgir efectos de amplificación en flujos de materia y energía que determinarán sistemas enteros.

Robert L. Heilbroner no se sorprendería. En el ya mencionado capítulo de introducción *Vida y doctrina*, se cita a John Maynard Keynes: "Las ideas de los economistas y los filósofos políticos, lo mismo cuando están en lo cierto que cuando se equivocan, son más poderosas de lo que comúnmente se cree. A decir verdad, son ellas las que rigen casi totalmente al mundo... Yo tengo la firme convicción de que se ha exagerado muchísimo la fuerza que tienen los intereses creados, si se la compara con el empuje gradual que adquieren las ideas".[42]

Capítulo 2

LA TRAGEDIA DE LOS COMUNES

Una clase de problemas que no tiene solución técnica

"La tragedia de los comunes" empieza con esta salva de dos científicos nucleares que habían pensado largo y profundamente sobre la carrera armamentista entre las superpotencias: *"De acuerdo con nuestro ponderado juicio profesional, este dilema no tiene solución técnica"* (cursivas en el original).[1] Garrett Hardin amplía dicha sentencia y se da cuenta de que hay toda una clase de problemas que no tienen solución técnica.[2] La pregunta que surge es: ¿pertenecen a esa clase de problemas las fluctuaciones climáticas?

Uno no tiene que invocar el espíritu de Hardin para imaginar su respuesta. Una sección de "La tragedia de los comunes" se titula "La contaminación" y Hardin explica que "el asunto no es sacar algo de los recursos comunes, sino de ponerles algo dentro". Entonces, ¿cuál sería la reacción de Hardin al artículo "Keys to Climate Protection" (Claves para la protección del clima) que abre con "La política tecnológica yace en el centro del desafío del cambio climático?"[3] Algunos sostienen que el autor, Jeffrey D. Sachs, es el economista más ilustre sobre desarrollo y se podría decir que la revista, *Scientific American*, es la más egregia dentro de la ciencia norteamericana. ¿Cómo hubiera reaccionado Hardin a la lista de Sachs "acerca de las tecnologías más prometedoras? Encabezando la lista está la "Captura y almacenamiento de carbono" (conocida por sus siglas en inglés como CCS), que "depende de la capacidad de capturar el dióxido de carbono en la planta de energía a bajo costo, transportarlo por gasoducto a distancias considerables, y almacenarlo bajo tierra de manera segura, fiable y duradera".[4]

Nuevamente, no es necesaria una sesión de espiritismo. La cita de los científicos nucleares termina diciendo: "*Si las grandes potencias continúan buscando soluciones exclusivamente en el área de la ciencia y la tecnología, el resultado será el empeorar la situación*" (la cursiva es mía).[5] En un comentario dentro del portal de *Scientific American*, un blogger anónimo parece haber canalizado la voz de Garrett Hardin:

> El almacenamiento subterráneo de carbono es viable si las cantidades son pequeñas, pero el enorme peso y volúmenes de CO_2 que deben ser almacenados bajo tierra para inclusive una reducción mínima en los niveles de ppm, sin duda, tendrán impactos geológicos. Ese tipo de almacenamiento puede conducir a altas presiones bajo tierra y causar actividades sísmicas, o explosiones de CO_2 en el subsuelo.[6]

A pesar de las muchas preocupaciones legítimas de que la "captura y el almacenamiento de carbono" no es nada "seguro", ni "fiable", ni "duradero";[7] el entusiasmo de Sachs disfrutará de mucha resonancia en la esfera pública.[8] La razón tiene más que ver con la religión que con la racionalidad. "El progreso a través de la tecnología" es una "vaca sagrada",[9] ya que, como se señala en la "La tragedia…", "la selección natural favorece a las fuerzas de la negación psicológica".[10] La única función de la tecnología para los problemas que no hallan solución técnica es poder facilitar la "coerción mutua, mutuamente acordada". La tecnología nos permite ganar tiempo mientras regateamos sobre cómo manejar los bienes comunes. Sin embargo, si el tiempo es mal utilizado, entonces la tecnología nos llevará al riesgo de un desplome aún más repentino y violento.[11] Asimismo, las ganancias en eficiencia forjadas por la tecnología pueden estimular la demanda y acelerar el desplome.[12] Uno no tiene que ser un aficionado a la ciencia ficción para imaginarse un efecto invernadero galopante por un mundo encaramado sobre la acumulación de CO_2 bajo presión, el cual fue almacenado al estilo Sachs durante siglos.

Una vez que nos desengañemos respecto a la posibilidad de una fácil salvación mediante la tecnología, podremos hablar de las opciones no técnicas para manejar los bienes comunes. Estos son:

(1) la propiedad privada
(2) la regulación gubernamental
(3) la persuasión moral y/o
(4) bajas poblaciones humanas.

Dado que los contaminantes del dióxido de carbono equivalente (CO_2e) pueden ser emitidos dondequiera, pero todos terminan en el mismo sumidero, verbigracia, la atmósfera del planeta; la aplicación de las opciones de Hardin debe coniderarse como de ámbito internacional:

(1) la propiedad privada
(permisos negociables de emisión en los mercados internacionales de carbono)
(2) la regulación gubernamental
(impuestos internacionales al carbono, cuotas y/o prohibición de tecnologías)
(3) la persuasión moral
(un despertar mundial de conciencia y el fortalecimiento de un perfil verde)
(4) bajas poblaciones humanas
(políticas internacionales que incorporan elementos del uno al tres).

Entre las cuatro opciones, Hardin siempre situaba "la propiedad privada" en primer lugar, mientras subordinaba las dos siguientes a "bajas poblaciones humanas". La supremacía de "bajas poblaciones humanas" se fundamenta en las simples matemáticas que resultan del impacto ambiental: Un crecimiento imperceptiblemente pequeño en las poblaciones humanas con el tiempo acabará con los logros tan arduamente ganados del manejo de los bienes comunes del (1) al (3). Incluso los críticos de "La tragedia de los comunes" deben de mala gana reconocer el papel de apalancamiento de la población o perderán rápidamente su credibilidad. Por ejemplo, Anil Argawal y Sunita Narain escribieron para *The New Internationalist*, en vísperas de la Cumbre de la Tierra Rio '92:

> El sueño de todo chino de poseer un refrigerador se ha convertido en la pesadilla de los ecologistas del Norte. El temor es que el potencial aumento del consumo – y, por lo tanto, de contaminación – en el Sur es ahora la mayor amenaza que enfrenta el medio ambiente mundial. Por eso, se ha acumulado la histeria en el Norte sobre incluso los minúsculos recursos que el Sur utiliza actualmente.[13]

Avanzando rápidamente hacia el nuevo milenio ni el temor de todos los ecologistas del Norte es tan "histérico", ni la cantidad de recursos es tan "minúscula".[14] En 2006, China sobrepasó a los EE.UU. como el mayor emisor de CO_2.[15] La población aumenta las emisiones, ya sea por el consumo relativamente bajo de la inmensa población china, o por aquel credo de "comprar hasta más no poder" proveniente del desenfrenado consumismo de la relativamente baja población de los EE.UU.[16] El reto de la Iniciativa Yasuní-ITT es lograr la "coerción mutua, mutuamente acordada" en relación al manejo del sumidero a través de la propiedad privada y la regulación gubernamental, mientras se logra dilucidar cómo el gobierno puede cultivar perfiles verdes y poblaciones bajas a través de la persuasión moral y estímulos positivos.

Puede que los entendidos de las quince Conferencias de las Partes (COP) de la Convención Marco de las Naciones Unidas sobre el Cambio Climático (CMNUCC) se consternen. ¡Objetarán que estoy vergonzosamente fuera del circuito y que ni siquiera sé el significado de la palabra "sumidero"! Cualquier reacción de ese tipo no es puntillosa, sino que va al corazón de mi tesis sobre la selección del lenguaje para enmarcar el debate. Como desarrollaré en el resto de este capítulo, la comprensión de la palabra "sumidero" es la clave para entender por qué la compensación por no extraer petróleo es totalmente justificada.

¿Cuál es el significado de "sumidero" en el Protocolo? Aunque no está definido explícitamente, se puede deducir su significado del Artículo 3.3.

> Los cambios netos en las emisiones de gas de invernadero por las fuentes y la absorción por los sumideros que se deban a la actividad humana directamente relacionada con el cambio del uso de la tierra y la silvicultura, limitada a la forestación, reforestación y deforestación desde 1990, calculadas

como variaciones verificables del carbono almacenado en cada período de compromiso, serán utilizadas a los efectos de cumplir los compromisos de cada Parte incluida en el Anexo 1 dimanantes del presente artículo. Se informará de las emisiones por las fuentes y la absorción por los sumideros de gases de efecto invernadero que guarden relación con esas actividades de una manera transparente y verificable y se les examinará de conformidad con lo dispuesto en los artículos 7 y 8.[17]

Por desgracia, un significado inferido es inferior a una definición explícita. Afortunadamente, la Forest Carbon Accounting, Natural Resources Canada (Contabilidad de Carbono Forestal, Recursos Naturales de Canadá) ha llenado el vacío dejado por la CMNUCC y ofrece un léxico útil en la web.

Carbon sink (sumidero de carbono) – una reserva de carbono (carbon pool) que está aumentando de tamaño. Una reserva de carbono puede ser un sumidero de carbono atmosférico si, durante un intervalo de tiempo dado, más carbono desemboca en él que sale fuera de él.

Para entender esa definición, uno debe primero entender la definición de los Recursos Naturales de Canadá sobre reserva de carbono:

Carbon pool (reserva de carbono) – un sistema que tiene la capacidad de acumular o liberar el carbono. Ejemplos de reservas de carbono son la biomasa forestal, productos de madera, los suelos y la atmósfera.[18]

Ejemplos de un "sumidero de carbono" se definiría como todo proceso inducido por el hombre en el ciclo del carbono que elimine el carbono adicional de la atmósfera. Dicho significado asignado a la palabra "sumidero" es nuevo en la literatura biológica y podría haber sido comunicado calificando el término establecido "reserva de carbono" con las palabras "el aumento potencial", a saber, "El aumento potencial de las reservas de carbono".[19] En los inicios del debate sobre el "cambio climático", los climatólogos, efectivamente, pusieron la palabra "sink", o sea, "sumidero" en castellano, entre comillas para referirse al posible aumento de la reserva de carbono.[20] Se pueden interpretar las comillas como un signo de incomodidad, sin duda porque "sumidero" es un término bien conocido de la termodinámica y "cambio climático" es un fenómeno termodinámico. A pesar de la importancia del Protocolo de Kioto, muchos ecologistas acertadamente no han cambiado el significado de "sumidero". Apenas en el 2008, Paul R. y Anne H. Erhlich escribían "El sumidero atmosférico, en el que el CO_2 y otros derivados del consumo de las energías de hidrocarburos son depositados, es un clásico recurso de libre acceso..."[21] Las definiciones importan. Probablemente un abogado no necesita ser persuadido de la verdad de esa declaración, pero el economista sí. Para el economista los debates alrededor de las definiciones son a menudo menospreciados como frívolos. Desde que Paul Samuelson publicó *Fundamentos del análisis económico*,[22] los economistas han celebrado las matemáticas como el lenguaje de la economía e ignorado el papel de la retórica en la asignación de recursos.[23] Por lo tanto, le pregunto a los economistas ortodoxos que trabajan en "cambio climático": El crecimiento de ingresos (dY/dt), "¿Es el sumidero de ingresos"? La acumulación de capital (dK/dt), "¿Es el sumidero de capital"? Cuando el Sur, rico en carbono, desee reclamar una indemnización por la apropiación del "sumidero" atmosférico por el Norte, la gente tanto del Norte como del Sur, fácilmente malinterpretará el reclamo. La gente soslayará el problema sobre el significado inferido de "sumidero de carbono" del Protocolo de Kioto y comenzará a hablar de la nueva absorción de CO_2 a través de cambios humanos inducidos por el uso de la tierra en bosques y suelos.[24] Para aumentar la confusión, el Sur de hecho querrá ser compensado por los incrementos humanos inducidos de la reserva de carbono, pero ese es un tema aparte. En primer lugar, al Sur le gustaría ser compensado por la apropiación del sumidero atmosférico en que el Norte ha "[puesto] algo dentro... gases nocivos o peligrosos". El Protocolo de Kioto ha desplazado la discusión sobre el "sumidero" al otorgarle un nuevo significado a la palabra y, por ende, ha disuelto el muy necesario debate sobre la apropiación.

Al igual que el "cambio climático" en el Capítulo Uno y "sumidero de carbono" aquí, otros términos en el Protocolo de Kioto también son problemáticos. Por ejemplo, las Partes anglófonas hablan del carbono siendo "*sequestered*", mientras que la literatura biológica se refiere al dióxido de carbono que se "fija" en el ciclo del carbono. El uso del "*carbon sequestration*" en inglés tiene una desventaja sutil que escapará a los monolingües de dicho idioma. El cognado de "*sequester*", o sea, "secuestrar", no tiene el mismo significado en las lenguas neolatinas. En el contexto de CO_2, la frase en español "secuestro de carbono" o el más rebuscado "secuestración de carbono" suena cómico. La traducción crea ligereza excesiva sobre algo que es muy serio. Fijación de dióxido de carbono o captura de carbono no causa tal distracción. ¿Por qué los responsables de formular la política no utilizan los términos correctos de la ecología?

Garrett Hardin ofrece una respuesta en su deliciosamente mordaz *Diorama 2000: hacia una ética para la supervivencia humana* (Exploring New Ethics for Survival: The Voyage of the Spaceship Beagle).[25] El Capítulo 8 se titula "Word Magic" (Magia de la palabra) de donde cito las dos primeras oraciones y luego saltó a las oraciones finales. Cuando las citas son leídas con el "cambio climático" en la mente, uno empieza a entender cómo los responsables de formular la política controlan el debate mediante el control de la lengua:

> La función oficial de la lengua es la de facilitar el pensamiento y la comunicación. Una de sus funciones no oficiales, igualmente real, es la de *coartar* el pensamiento y la comunicación... ¿quizá el desarrollo? No exactamente. La *destrucción*. La *desfiguración*... "Desarrollo" es una palabra mágica, diseñada para que no pensemos... (las cursivas son de Hardin).[26]

En el primer capítulo, argumento que "las fluctuaciones climáticas" son preferibles al "cambio climático" y en este capítulo, "el aumento potencial en la reserva de carbono", es preferible al "sumidero de carbono", y "la fijación de dióxido de carbono" al "secuestro de carbono". Mi insistencia sobre precisión en el lenguaje no corresponde a fetichismo o meticulosidad. Sólo el primer término en cada una de las parejas se integra fácilmente con la termodinámica de no equilibrio (TNE) y sólo la TNE proporciona un marco integrador de cómo las estructuras irreversiblemente disipan los flujos de energía hacia el sumidero, que fue expropiado por el Norte. La acusación de apropiación no es acerca de las emisiones que comenzaron en Inglaterra con la industrialización de mediados del siglo XIX, a pesar de que la profesión de la economía ya tenía una idea sobre las consecuencias de la termodinámica.[27] La acusación se basa en la expansión de las emisiones desde 1990, cuando el Grupo Intergubernamental de Expertos sobre el Cambio Climático (bajo sus siglas en inglés IPCC) sostuvo por primera vez el tema más allá de toda duda razonable de que los países industrializados tendrían que reducir sus emisiones en un 60%.[28] En 2004, las emisiones habían aumentado en un 49% en España, 16% en los EE.UU., y 7% en Japón, mientras que habían bajado un 17% en Alemania, 1,1% en Dinamarca, y 14% en el Reino Unido.[29] Por consiguiente, todos los países industrializados antes mencionados aumentaron su deuda de carbono, algunos más que otros.

Para cualquier reclamo debe haber un remedio, y así como hay que justificar el reclamo, también hay que justificar el remedio. ¿Qué remedio podría corregir el error y a la vez ser consecuente con el manejo del sumidero atmosférico? Mientras que el marco de la TNE le da sentido al reclamo examinando la apropiación del sumidero desde 1990, la TNE no genera fácilmente implicaciones para el remedio. La teoría económica sí lo hace. Durante la última mitad del siglo XX, la teoría económica ha sido cuidadosamente desarrollada con respecto a las implicaciones de la optimización. Asombrosamente, el lenguaje de esa teoría no ha sido implementado en el diálogo de la CMNUCC para identificar el fenómeno que justificaría el remedio. Me refiero a la palabra "fuga".

Ni el Protocolo ni Recursos Naturales de Canadá definen la "fuga", pero las definiciones existen. Una definición precisa la dan Tom Manders y Hans Timmer, de The Netherlands Bureau for Economic Policy Analysis (la Oficina Holandesa para Análisis de Política Económica): "La fuga de carbono es el aumento endógeno de las emisiones de carbono como resultado de la reducción de emisiones en otros lugares".[30] La definición se presta a la recolección de datos y el análisis. Por ejemplo, el economista Sergey V. Paltsev elabora una hipótesis de la contaminación de refugio en que la "reducción de las emisiones de carbono en un grupo de países puede aumentar las emisiones en países que no las disminuyen. Este efecto ha sido conocido como fuga de carbono. El Protocolo de Kioto les pide a varios países industrializados que limiten sus emisiones, permitiendo paralelamente que otros países no tengan compromisos de reducción".[31] Sin embargo, la "fuga" es un fenómeno más amplio que la decisión sobre dónde ubicar las fábricas contaminantes. Un contexto claro aparece en el Capítulo 25 de *El Informe Stern*, "Revirtiendo emisiones debidas al cambio del uso de la tierra", donde Stern reconoce "el riesgo sustancial en que, si pequeñas áreas son protegidas, las fugas a otras zonas podrían ocurrir y las emisiones en su totalidad no serían reducidas".[32] Stern cita a Joseph Stiglitz, Premiado de Economía en Memoria de Nobel,[33] quien recalca que "la combinación de los incentivos existentes en el lugar para plantar nuevos bosques, pero la falta de o la insuficiencia de incentivos para preservar los bosques existentes, podría provocar conductas perversas de talar bosques, para luego replantarlos".[34] Aún cuando los refugios de contaminación y los incentivos perversos son las deducciones económicas del Protocolo de Kioto, el término "fuga" no integra fácilmente a estos dos ni sugiere ninguna implicación política.

La elección de la palabra "fuga" por los economistas es extraña, ya que dentro de la teoría económica existe un término preciso que integraría los dos fenómenos y también sugeriría implicaciones políticas. Me refiero a la palabra "distorsión" que se utiliza en la "General Theory of Second Best" (Teoría General del Segundo Mejor), de Richard Lipsey y Lancaster Kelvin, publicado en *The Review of Economic Studies* en 1956. En términos laxos, la teoría del segundo mejor significa que el remover una distorsión puede en realidad hacer al sistema económico más ineficiente, cuando otras distorsiones relacionadas todavía se quedan. Por lo tanto, la internalización de los costos de las emisiones de CO_2 en un país podría causar la fuga de industrias a otro país que no tenga este tipo de compromiso (paraíso de la contaminación). La asimetría es una distorsión, no una "fuga". Asimismo, el pagar para aumentar la reserva de carbono mediante la siembra de árboles puede causar que los propietarios quemen los árboles que estén en pie , ya que no tendrán que pagar por las emisiones de CO_2 del bosque calcinado. La asimetría es una distorsión, no una "fuga". Al utilizar el término económico correcto, vemos que los paraísos de la contaminación y los efectos perversos son simplemente expresiones diferentes sobre la teoría del segundo mejor.

El segundo mejor es devastador para la política basada en la eliminación gradual de las distorsiones, lo que puede explicar por qué no se lo incorpora en los textos de estudio introductorios.[35] Sin embargo, el lenguaje correcto puede hacer más que simplemente agrupar fenómenos aparentemente dispares. Una de las consecuencias del segundo mejor es que cuando una distorsión no se puede quitar, el agregar otra puede hacer al sistema más *eficiente*. Esa implicación es devastadora para la economía de textos de estudio y, por eso, se omite edición tras edición. En "Reflections on the General Theory of Second Best on its Golden Jubilee" (Reflexiones sobre la teoría general del segundo mejor en sus Bodas de Oro), Lipsey considera "la afirmación de que la teoría del segundo mejor proporciona una justificación para cualquier política intervencionista loca".[36] Su respuesta elegante a la disonancia cognitiva de los economistas ortodoxos alude a propósito a *La economía de la Iniciativa Yasuní-ITT*:

> Una teoría muy elaborada no es necesaria en estos casos y tampoco en muchos otros de este tipo. Lo que se necesita es una buena comprensión evaluativa de cómo funciona el sistema de precios, así como comprender la advertencia preventiva de la teoría del segundo mejor que cualquiera que sea la política, esta puede tener consecuencias inesperadas y no deseadas en partes aparentemente no relacionadas de la economía que deben ser vigiladas y mitigadas cuando sea necesario. El asesoramiento alrededor de una política irregular no es imposible, y tampoco se puede determinar de manera puramente científica; por el contrario, es un arte, ayudado por la buena economía, tanto teórica como empírica.[37]

Para la Iniciativa Yasuní-ITT, la relevancia del segundo mejor es clara. El Ecuador y muchos otros países del Sur, ricos en carbono, no están restringidos por ningún "tope" de emisiones de CO_2 del "comercio de emisiones de carbono" del Protocolo de Kioto. Son países No Anexo del Protocolo de Kioto. Su ausencia en el Anexo I es una "distorsión" en la política económica de "internalización de las externalidades" a través del "comercio emisiones de carbono". La distorsión no se puede desmontar fácilmente, dado que ningún país rico jamás logró desarrollarse sin una industrialización sucia. Los niveles de pobreza en el Ecuador en 1997, cuando el Protocolo de Kioto fue firmado, habían llegado a casi la mitad de la población. En ausencia de un "tope" efectivo, el Ecuador y otros países ricos en carbono no Partes del Anexo I extraerán su petróleo. Cada vez que lo venden a países que tampoco tengan un "tope", aumentarán el CO_2 del sumidero atmosférico. Siguiendo la teoría del segundo mejor, se puede justificar el pago a Ecuador por no extraer su petróleo, al evitar que en el futuro las emisiones de CO_2 vayan al bien común global. Una explicación más detallada del mejor segundo y de la Iniciativa Yasuní-ITT se elabora en el Capítulo 4. Lo menciono aquí brevemente, ya que encaja con la discusión necesaria de justificar el reclamo, así como el remedio.

En la década de 1990, contemplé la probable conversación internacional sobre mercados de carbono y preví que "los más estridentes gritos de injusticia serán de los países ricos en hidrocarburos.... Imaginémonos que China, con sus 300 años de oferta de depósitos de carbón, exija ser pagado por no seguir una industrialización con el uso de carbón como combustible. Tal argumento no tiene fundamento ético. Es el equivalente moral de chantaje. 'Páguennos para no llevar a ambos al mundo del efecto invernadero'".[38] El argumento se extiende a los bosques y reservas subterráneas de petróleo. ¿He cambiado de opinión? En el momento en que escribí dichas líneas (1992), la hora en la deuda ecológica debido a la fluctuación climática estaba empezando a marcar.[39] Sólo con la difusión del informe del IPCC en 1990 el mundo tuvo evidencia, más allá de toda duda razonable, que las fluctuaciones climáticas eran de hecho antropogénicas. Como Hardin cita de *Situation Ethics* (Ética de situación) *"la moralidad de un acto es una función del estado del sistema en el momento en que se realiza"*.[40] Hasta 1990, el Norte podía propugnar la idea que no había una opinión clara y que el reclamo del Sur era semejante a un chantaje. A la luz del informe del IPCC publicado en 1990, el Norte debería haber comenzado los recortes. Debido a que ningún país industrializado rico logró el 60% de reducción recomendada, el reclamo, que anteriormente carecía de justificación moral, es ahora totalmente justificado.

La recepción al argumento de arriba dependerá en gran medida de la ética del público. Para aquellos educados en Economía de vaquero 101 y que nunca avanzaron a cursos de posgrado y la teoría del segundo mejor, les sonará mal estarle pagando a alguien por no hacer nada. No obstante, la posibilidad de persuasión no es infundada. La ética no es sólo una forma de nutrir, sino también propia de la naturaleza personal. La etiología de la justicia está bien expresada por el columnista David Brooks del *New York Times*: "La mayoría de nosotros hacemos juicios morales precipitados acerca de lo que se siente justo o no, o lo que se siente bien o no. Comenzamos a hacer esto cuando somos bebés, antes de comenzar a hablar. Incluso como adultos, a menudo no podemos explicarnos por qué algo se siente mal".[41] Para un público que posea cierta comprensión de la termodinámica, se podrá justificar el pagar por lo que su país ha tomado, a saber, un uso desproporcionado del sumidero. Un conocimiento elemental de la física permitirá a ese público expresar un sentimiento de justicia innata en los humanos y en otros primates.[42] En gran parte por esa razón, he subtitulado este libro "cambio climático como si importara la termodinámica".

Ahora que hemos empezado a ponderar la respuesta a "¿por qué debe la comunidad internacional pagarle a alguien por no hacer nada?" debemos proceder a las siguientes dos preguntas planteadas en el cierre de la Introducción. "¿Cuánto le debe pagar?" y "¿cómo le debe pagar?" Aunque las respuestas se abordan en los capítulos 3 y 5, voy a ahondar en las preguntas aquí, ya que pertenecen a una clase de problema que no tiene solución técnica. En otras palabras, ellas también necesitan un debate internacional sobre lo que se debe sentir "justo".

Rafael Correa expresó su apoyo a la Iniciativa Yasuní-ITT en un lenguaje que resuena de justicia. Sus palabras fueron acompañadas de acción. El 30 de marzo de 2007, Correa congeló la licitación prevista por Petroecuador para los campos petroleros de Yasuní-ITT con estas palabras:

> Se aceptó como primera opción la de dejar el crudo represado en tierra, a fin de no afectar un área de extraordinaria biodiversidad y no poner en riesgo la existencia de varios pueblos en aislamiento voluntario o pueblos no contactados. Esta medida será considerada siempre y cuando la comunidad internacional entregue al menos la mitad de los recursos que se generarían si se opta por la explotación del petróleo; recursos que requiere la economía ecuatoriana para su desarrollo.[43]

El público al que estaba dirigido el mensaje era nacional e internacional. Uno de los objetivos de *La economía de la Iniciativa Yasuní-ITT* es mostrar que las justificaciones nacional e internacional de la Iniciativa Yasuní-ITT no sólo son complementarias, sino que también se refuerzan mutuamente. En el comienzo de este capítulo, justifiqué la Iniciativa Yasuní-ITT, destacando cómo los países del Norte se han apropiado del sumidero atmosférico a expensas de los países del Sur. Justifiqué también la compensación por no extraer petróleo mediante la teoría del segundo mejor. Ahora debo hacer que la visión sea operativa tanto a nivel nacional como internacional. El pasaje anterior se convierte en una mezcla de puntos críticos.

1. Loablemente, reconoce el valor de existencia de la biodiversidad y el derecho de las comunidades Tagaere y Taromenane de vivir en aislamiento voluntario. Lamentablemente, presupone que tales derechos no tienen primacía, cuando en virtud del derecho nacional e internacional, probablemente lo tengan.

No obstante, la pobreza generalizada de Ecuador ablanda las acusaciones de violación de los derechos humanos porque "la moralidad de un acto es una función del estado del sistema en el momento en que se realiza".[44]

2. Loablemente, requiere que "la comunidad internacional" que se beneficia de la conservación de la biodiversidad pague los costos de oportunidad de esa conservación. Lamentablemente, tiene el inconveniente de no establecer la diferencia entre los que se benefician. No obstante, reconoce tácitamente que estamos hablando de los países del G-8.[45]

3. Loablemente, establece una cantidad, "la mitad de los recursos que se generarían si se opta por la extracción del petróleo". Lamentablemente, esto implica que el cálculo de dicho valor está dentro de nuestra capacidad de resolución. No obstante, el parámetro de "medio" es atractivo ya que los tratos de 50–50 suelen ser los más fáciles de celebrar.[46]

4. Loablemente, reconoce que el desarrollo requiere inversión de capital. Lamentablemente no nos dice cuánto capital será necesario para el desarrollo o cuando el mundo sabrá que Ecuador ha alcanzado el estatus de país desarrollado. No obstante, existen indicadores para medir el desarrollo.

De todas estas aprensiones, la más preocupante es el cálculo del valor. La estimación original de la compensación fue citada en la prensa internacional en $350 (dólares estadounidenses) millones anuales durante diez años.[47] Esa renta vitalicia implica que alguien hizo un análisis de descuento del costo-beneficio de crudo recuperable sobre la vida útil de los campos petroleros de ITT. Sea quien sea el economista, debería temblar ante tal insinuación. El precio de equilibrio del crudo es un blanco móvil que sube (+) o baja (–), aumentando o disminuyendo la demanda y que baja (–) o sube (+), aumentando o disminuyendo la oferta. Para hacerse una idea de cuán difícil es tal cálculo, contemplemos el siguiente resumen. Por el lado de la demanda, el economista tendría que estimar, entre otras cosas, los impactos de (1) la globalización de la industrialización que utiliza tecnologías de carbono (+), (2) la sustitución de procesos industriales que utilizan energías renovables (–), (3) los cambios en ingresos y las disparidades de ingresos (+ o –), así como (4) la guerra o la paz en una de las regiones más volátiles del mundo (+ o –).

Por el lado de la oferta, el economista tendría que estimar, entre otras cosas, (1) el descubrimiento de nuevas reservas en todo el mundo (–), (2) el agotamiento de las reservas antiguas del todo el mundo (+), (3) la innovación de nuevas tecnologías para extraer las reservas (–) y nuevamente (4) la guerra o la paz (– o +). Una vez que todos estos cálculos están hechos, entonces uno tendría que elegir la tasa de descuento apropiada, que es un tema de debate interminable en la profesión. Si todo esto no fuera suficientemente abrumador, él o ella o ellos (es decir, el equipo de economistas), tendría/n que entonces estimar las elasticidades del precio de la oferta y la demanda, es decir, la capacidad de respuesta de la oferta y la demanda ante un impuesto al carbono y/o los costos internalizados de un mecanismo de "comercio en emisiones de carbono". Este último punto requiere un poco más de explicación. Si la demanda es muy inelástica y la oferta elástica, entonces la incidencia del impuesto sobre el carbono recaerá en gran medida sobre el consumidor, y si ocurre lo contrario, entonces recaerá sobre el productor.

Si yo o cualquier otro economista académico supiéramos las respuestas a las preguntas anteriores, probablemente estaríamos disfrutando de una jubilación anticipada en la soleada Rivera francesa. Saber cómo especular en los mercados de futuros es lo que hizo a George Soros multimillonario. La naturaleza de un marco político coherente no puede basarse en la especulación del precio futuro del petróleo. El desacuerdo inevitable sobre las predicciones (¿demasiado alto? ¿demasiado bajo? ¿justo?) desviaría el debate necesario sobre lo que es un remedio justo por la apropiación del sumidero por el Norte, desde 1990.

A pesar de todas las dudas, se puede decir que Correa está en lo correcto. Ecuador requiere de capital para el desarrollo. Desde el punto de vista del largo plazo de la historia, el Ecuador está en un cuello de botella entre dos economías, la de los vaqueros y la de la nave espacial. E.O. Wilson lo explica de esta manera:

> Hemos entrado en el Siglo del Ambiente, en el que el futuro inmediato se concibe adecuadamente como un atolladero. La ciencia y la tecnología, combinadas con una falta de conocimiento de nuestra propia naturaleza y con una testarudez paleolítica, nos han conducido a donde hoy nos encontramos. Ahora bien, la ciencia y la tecnología, combinadas con la prudencia y la valentía moral, han de acompañarnos a través del atolladero y permitirnos que salgamos de él.[48]

Los siguientes tres capítulos elaborarán cómo la compensación por no extraer petróleo debe ser el monto en dólares equivalente a la infraestructura en la que se hubiera invertido en la exploración de los campos petrolíferos de ITT. A diferencia de las predicciones sobre el precio del petróleo durante los próximos diez años, la cantidad de inversión y costos operacionales no percibidos durante los próximos cuatro años se pueden calcular con poco recelo. Se ha estimado en aproximadamente $5 mil millones.[49] La inversión alternativa debe ser una serie de proyectos que promuevan la sustentabilidad que es el tema del Capítulo 5. ¿Quién del Norte debe pagar por esa inversión? es el tema del Capítulo 3.

El escéptico temerá que Ecuador tome el dinero ahora y perfore más tarde. Por esta razón, la garantía diseñada en la Iniciativa Yasuní-ITT ayudará a mantener los incentivos alineados en caso de que el péndulo político y un futuro gobierno rechacen los compromisos asumidos bajo el gobierno de Correa. Los derechos de propiedad permitirán que los reclamos internacionales ofusquen la importación de crudo ecuatoriano en el caso que un gobierno retrógrado rescinda el compromiso de dejar el petróleo bajo tierra. Como se sabe, el petróleo es sumamente fungible y puede encontrar su camino a los puertos que también se burlan de los reclamos. También podría ser utilizado internamente. La garantía es el proverbial palo del palo y zanahoria de los incentivos ¿Cuál será la zanahoria para los futuros gobiernos de Ecuador? La respuesta debe venir de un acuerdo post–Kioto en el que Ecuador sea compensado por haber evitado emisiones de CO_2 del año cinco en adelante. ¿Cuánta compensación? Nuevamente, la Rivera francesa me estaría haciendo señas. El valor variará de acuerdo al mercado de carbono. Si se evitan 40 millones de toneladas de carbono en el año cinco, y el precio está en un mínimo histórico de $1 por tonelada métrica, entonces el pago será de sólo $40 millones. Si es el máximo histórico de $30, entonces será de $1,2 mil millones. El punto importante es este: en cualquier momento en que el Ecuador reabra la licitación de los campos petroleros de ITT, la zanahoria será retirada repentinamente y el palo blandido.

La oración anterior parece dar a entender que el Ecuador recibirá pagos *ad infinitum*, siempre y cuando no perfore. ¿Qué tan justo es eso? Tenemos que centrarnos arriba en la última parte del punto #4. En una fecha futura el Ecuador habrá pasado por el cuello de botella de Wilson y la justificación para el reclamo ya no tendrá efecto.

Afortunadamente, existe un precedente. Incluso sin haber logrado una economía verdaderamente sustentable, Costa Rica renunció a la posibilidad de extraer petróleo en 2001. El presidente electo de entonces declaró una moratoria sobre la exploración en alta mar y no pidió ninguna compensación a cambio. El compromiso fue puesto rápidamente a la prueba. Harken Energy de Texas presentó una demanda, exigiendo $57 mil millones en daños y perjuicios. Costa Rica se mantuvo firme y la demanda fue abandonada.[50] Cuando el Ecuador pueda presumir la condición de "alto desarrollo humano" en el Índice de Desarrollo Humano del PNUD, al igual que Costa Rica desde el año 2002,[51] entonces se podrá decir que el Ecuador ha pasado por el cuello de botella y los pagos pueden parar por haber evitado emisiones de CO_2.

Capítulo 3

LA IGNORANCIA VOLUNTARIA DE LA *REALPOLITIK*

¿Fallos del mercado o éxito en el desplazamiento de costos?

Mil *novecientos ochenta y cuatro* debería ser una lectura obligatoria para cualquier persona que vota. A través de una historia de distopía totalitaria, George Orwell demuestra cómo el Estado puede distorsionar el lenguaje para sus constantemente cambiantes propósitos. "El doble discurso" es uno de los neologismos de la novela que se ha introducido en el lenguaje vernáculo.[1] ¿En qué consiste exactamente? De acuerdo al profesor de inglés William Lutz:

> El doble discurso es un lenguaje que pretende comunicar, pero en realidad no es así. Es el lenguaje que hace que lo malo parezca bueno, lo negativo parezca favorable, lo desagradable parezca atractivo, o al menos tolerable. Es un lenguaje que evita o transfiere la responsabilidad, lenguaje que a su vez está en desacuerdo con su significado real o supuesto. Es el lenguaje que oculta o impide el pensamiento. El doble discurso es el lenguaje que en vez de extender el pensamiento, lo limita.[2]

A pesar de la gravedad del fenómeno, abundan ejemplos cómicos al respecto. Por ejemplo, la revista *The Quarterly Journal of Doublespeak* reportó una votación por la Junta de Educación de Minnesota [que] "estipulaba requerir a todos los estudiantes hacer 'trabajo voluntario' como un requisito para la graduación de la escuela secundaria".[3] Todos nos podemos reír de esto. Pero no hay nada gracioso cuando, por ejemplo, el gobierno de los EE.UU. se refiere al ahogamiento de presos negados *hábeas corpus* por medio del "simulacro de ahogamiento" (*waterboarding*) de "detenidos". Para cuyo propósito había médicos de guardia que pudiesen realizar traqueotomías de ser necesario.[4]

En el espectro del doble discurso, me siento tentado a buscar el "fallo del mercado" de la teoría económica en algún punto entre el "trabajo voluntario", estipulado por la Junta de Educación de Minnesota y el "simulacro de ahogamiento" autorizado en los memorandos de tortura del gobierno de Bush. Empero, me resisto a la tentación. Debido al número de víctimas de las fluctuaciones climáticas, el "fallo del mercado" se encuentra a la derecha extrema del "simulacro de ahogamiento". Baso mi evaluación sobre *El Informe Stern* que deja muy claro que "los daños estimados podrían elevarse hasta el 20% o más de[l] PIB [mundial]".[5] Billones de dólares en daños que son evitables se traducen en millones de muertes evitables, aunque la mayoría de las víctimas serán invisibles. Por ejemplo, una muerte por infraestructura sanitaria inadecuada no se presta a la fotografía como lo hace un cadáver flotando boca abajo en medio de las secuelas de un huracán. El lector puede detenerse y preguntarse: ¿dónde está la conexión entre el "fallo del mercado" y esas muertes evitables? Para responder a esta pregunta, debemos examinar el significado de "fallo del mercado" y la forma en que el significado demuestra un desconocimiento deliberado de la *realpolitik*.[6]

El Informe Stern es el nodo central en este tipo de discusión económica. La sección 2.2 se titula "Understanding the market failures that lead to climate change" ("Comprensión de los fallos del mercado que conducen al cambio climático") y la frase inicial establece el escenario. "Al igual que muchos otros problemas ambientales, el cambio climático de origen humano es, en su nivel más básico, una externalidad".[7] Esta afirmación es incorrecta. El "cambio climático" inducido por el hombre es, en su nivel más básico, un fenómeno físico. Para repetir el boceto del Capítulo 1, la atmósfera es un sumidero y cambios en las condiciones de sus límites, a saber, CO_2e, pueden resultar en fluctuaciones violentas. Bajo la errónea premisa de que el "cambio climático" es irreducible más allá de la "externalidad", continúa Stern, "Aquéllos que producen emisiones de gases invernadero están provocando el cambio climático, con lo cual imponen costos para el mundo y para futuras generaciones..."[8] La afirmación implica que una vez que la sociedad se dé cuenta de "las consecuencias de los costos de [las] acciones de [aquellos que imponen costos]", las políticas correctivas se presentarán.

Se ha hecho el experimento. Por lo menos durante siglo y medio, los "fallos del mercado" han sido un concepto central en la economía, como demuestra su importancia en los textos de estudio introductorios. Han transcurrido dieciséis años desde el momento en que el IPCC publicó su primer informe y el borrador de Stern de su sección 2.2. Durante todos esos años, los gobiernos neoliberales del Norte no hicieron operacional la teoría económica a la que supuestamente estaban suscritos. Como se mencionaba en el Capítulo 2, ningún país tomó medidas suficientes para reducir las emisiones a un recomendado 60% por el IPCC y algunos países dejaron que las emisiones se elevaran notoriamente. Como concepto central de la economía, el "fallo del mercado" falló miserablemente en persuadir a los gobiernos de qué hacer. No obstante, Stern sostiene que "[el cambio climático] debe considerarse como un fallo del mercado en la mayor escala que el mundo haya visto".[9]

El *sine qua non* de la ciencia es la falsabilidad.[10] Cuando uno contempla los comentarios de Stern, se empieza a entender que la utilidad del "fallo del mercado" no es falsable. Si las políticas de contaminación son corregidas a la luz del concepto de "fallo del mercado", mediante impuestos al carbono y/o "comercio de emisiones de carbono", entonces el concepto es ciertamente útil. Si las políticas de contaminación no se corrigen a la luz del "fallo del mercado", entonces el concepto simplemente no es útil. Como la cita de Stern pone de manifiesto, las políticas de contaminación no han sido corregidas ya que "[el cambio climático] debe considerarse como un fallo del mercado en la mayor escala que el mundo haya visto". Sin embargo, ¡Stern toma su absoluto fracaso como prueba de su utilidad futura! Karl Popper se retorcería.

El fallo de mercado "evade o traspasa la responsabilidad" y se debe calificar como un doble discurso. Para dirigir o asignar responsabilidad, el concepto debe ser sustituido por el llamado "éxito en el desplazamiento de costos", un término acuñado por Martin O'Connor y Joan Martínez-Alier, pioneros en la economía ecológica.[11] Por medio de simples sustituciones de palabras, "[las fluctuaciones climáticas] deben ser consideradas como un [éxito para desplazar los costos] en la mayor escala que el mundo haya visto". A pesar de que las sustituciones en la oración previa "extenderían el pensamiento en lugar de limitarlo", los economistas ecológicos nunca serán capaces de persuadir al economista ortodoxo. El lenguaje de la asignación de recursos simplemente no queda abierto a discusión. Stern escribe: "La teoría básica de las externalidades y los bienes públicos es el punto de partida para la mayoría de los análisis económicos del cambio climático y la revisión no es una excepción".[12] Al tener presente la futilidad de discutir con economistas ortodoxos, el economista ecológico debe hacer una apelación final al público. Joan Martínez-Alier ha hecho precisamente eso en una carta de respuesta a la revista *The Economist* en cuanto a su cobertura de la Iniciativa Yasuní-ITT. Objeta con firmeza el uso de "fallo del mercado" e introduce el término "éxito para desplazar los costos" a millones de lectores.[13]

Cualquier conversación pública que trate sobre el "éxito en el desplazamiento de costos", reconoce implícitamente la *realpolitik* de la asignación de recursos. El éxito para desplazar los costos implica que el éxito de la "oferta" en la "oferta y la demanda" subvertirá la política de la contaminación, tal como se ha manipulado durante mucho tiempo la "demanda" a través de la publicidad. El enfoque encaja con el trabajo llevado a cabo durante toda una vida por John Kenneth Galbraith (1908–2006) y sus descendientes intelectuales. Para hacer frente a la pesada mano de la influencia corporativa, Galbraith sugirió que la universidad, en concierto con los sindicatos, asumieran el papel de "poder compensatorio".[14] Por desgracia, la idea parece ahora desesperadamente anticuada. En el nuevo milenio, títulos como *How the University Works: Higher Education and the Low Wage Nation* (Cómo funciona la Universidad: La Educación Superior y la nación con salarios bajos) y *The Last Professors: The Corporate University and the Fate of the Humanities* (Los últimos profesores: La Universidad Corporativa y el destino de las humanidades) señala el lamentable estado de los emprendimientos académicos.[15] No obstante, no todo es oscuridad. Unos pocos académicos consumados se han aventurado fuera de la torre de marfil *a lo Galbraith* para sincerar y abordar la *realpolitik* de la asignación de recursos. Uno piensa en las columnas semanales en *The New York Times* de Paul Krugman, galardonado en 2008 con el Premio de Economía en Memoria de Alfred Nobel,o en los libros premiados del polímata Jared Diamond. Para los lectores con una amplia educación, Krugman explica "el capitalismo de connivencia"[16] y Diamond, la lógica de las "cleptocracias".[17] Por desgracia, sus argumentos no convencerán a nadie que no haya leído, de manera intencionada, algo escrito por Krugman o Diamond.

¿Por favor, díganme por qué alguien que no es un cómplice de connivencia o un cleptócrata de compromiso, permanece deliberadamente ignorante sobre el capitalismo de connivencia o la cleptocracia? Thorstein Veblen resolvió el enigma hace ya más de un siglo. Las víctimas están atadas a la ideología de los agresores y quieren emularlos.[18] Parafraseando a Karl Marx, no tienen nada que perder más que sus delirios, que, por desgracia, sí valoran.

El reconocimento de las fluctuaciones climáticas dentro de la *realpolitik*, significa que es menester cambiar la cultura del público. Es una tarea difícil, pero no imposible. El pensamiento crítico debe ser celebrado y la ciencia se convierte en clave para ello. Los científicos disfrutan de una cierta reputación de neutralidad, inteligencia innata y disciplina mental. En la medida en que la población es científicamente inculta, la popularización de la ciencia es una necesidad. Los científicos deben convertirse en el "poder compensatorio" *a lo Galbraith*. Desafortunadamente, la *realpolitik* significa que los medios corporativos se opondrán a dicho poder. El científico pronto será presentado como si fuera Casandra, un oportunista, y/o un "cerebrito sabelotodo". Una tormenta perfecta se presenta cuando sus colegas académicos se burlen de su popularidad de científico en una intensidad proporcional a la popularidad alcanzada por el académico.[19] No es de extrañar que haya pocos divulgadores científicos a pesar de la demanda latente. El economista ortodoxo puede ver en lo que acabo de escribir un "fallo de mercado" – mejor incluso, un "fallo (de tipo) académico" – pero yo lo llamaría con más exactitud "inhibición por acoso corporativo y envidia profesional". Así, un nicho se abre para cualquiera que no sea académico o científico, pero que tenga un don para la comunicación y los medios para dar la batalla. Una vez más, los intereses corporativos no se quedan de brazos cruzados y cambian de táctica. Ahora al desafiar a un no académico no científico, los medios corporativos sustituirán el apodo "cerebrito sabelotodo", por el de "víctima del estafador de ciencia barata (o basura)".

Entra Al Gore y su documental *Una verdad incómoda*, como un viaje personal y sincero dotado a su vez de un estilo narrativo poco convencional. Es todo menos el trabajo de un "cerebrito". El subtítulo *La emergencia planetaria del calentamiento global y qué podemos hacer al respecto* proyecta inicialmente y después despacha el apodo de Gore a lo Casandra.[20] Se nos da una evidencia científica sólida en cuanto a la situación de emergencia planetaria en las primeras 304 páginas, y en las siguientes veintitrés, se nos explica qué podemos hacer. Evidentemente Gore no es una Casandra, un "cerebrito", o una víctima de un engaño. La única etiqueta que conserva algo de sentido es la de "oportunista". De hecho, dentro de la memoria colectiva, Gore lanzó su candidatura dos veces para ocupar el cargo más alto del país más poderoso del mundo. ¿Es *Una verdad incómoda* la plataforma para un tercer intento? Gore le pone la cara a la Gorgona, "Así que si usted es un/a demócrata o un/a republicano/a, si votó por mí o no, espero sinceramente que usted sienta que mi objetivo es compartir con usted/es mi pasión por la tierra y mi profundo sentimiento de preocupación por su destino".[21]

Es revelador que *Una verdad incómoda* no se menciona ni una sola vez en *El informe Stern*, a pesar de haber debutado con gran éxito cinco meses antes de la primera edición del mismo. Este vacío debe ser motivo de auto-evaluación de todos los economistas ortodoxos. ¿Por qué los temas de *Una verdad incómoda* – la persistencia de la negación, la necesidad del compromiso político, y la posibilidad de un cambio de conducta – se encuentran más allá del dominio de la teoría económica?

Gore utiliza hábilmente a la ciencia. Su *modus operandi* es reminiscente de Garrett Hardin: Involucrar al público en una discusión sobre un problema que no tiene una solución puramente técnica, es decir, las fluctuaciones climáticas, y luego buscar la "coerción mutua, mutuamente acordada", entre otras cosas, el Protocolo de Kioto.[22] Un increíble número de ejemplos se pueden encontrar a favor de mi interpretación. Voy a citar sólo unos pocos, a partir de las estadísticas de la desinformación corporativa sobre el calentamiento global. Los números se presentan en un tipo de letra extra grande: 928 artículos relevantes publicados en revistas científicas durante un período de diez años y ninguno expresó dudas en cuanto a la causa, mientras que 636 artículos en la prensa durante un período de catorce años, el 53% expresó tales dudas.[23] Gore entonces desarrolla la mecánica detrás de las estadísticas:

> A principios de 2001, el presidente Bush contrató a un abogado/cabildero llamado Phillip Cooney para estar a cargo de la política ambiental de la Casa Blanca. Durante los seis años anteriores, Cooney había trabajado en el Instituto Americano de Petróleo y era la persona a cargo de diseñar las campañas de las compañías de petróleo y carbón dirigidas a confundir al pueblo estadounidense sobre este tema. A pesar de que Cooney no tuviera formación científica alguna, fue autorizado por el presidente para editar y censurar las evaluaciones oficiales de la EPA sobre el calentamiento global y de otras partes del gobierno federal.[24]

Porque hay que ver para creer, el pasaje marcado de Cooney de *The New York Times* al presidente se reproduce en la esquina inferior de la página.

Mi discusión sobre el diseño y la imagen no es periférica a la *realpolitik* de la asignación de recursos, ni al marco global de la termodinámica del no equilibrio. La visión humana evolucionó para disipar las gradientes de energía de las sabanas africanas. Nuestras mentes están adaptadas no sólo para mirar imágenes, sino también para formular "juicios de valor instantáneos", basados en las imágenes vistas. Por ejemplo, *Una verdad incómoda* tiene una fotografía de dos páginas de un agricultor calcinando la selva amazónica con el fin de desbrozar la tierra para dar paso a la ganadería en Rondônia, Brasil.[25] Contrastemos el impacto en el lector de esa imagen con los diagramas de barras relativos a los cambios en el uso de la tierra a nivel mundial del *Informe Stern*.[26] Estaremos de acuerdo en que un "cerebrito" puede preferir los diagramas de barras, pero la verdadera pregunta sería si esos diagramas de barras evocan una reflexión sobre la ética de la quema y el vivir dentro de los límites. Incluso para un intelectual, estoy seguro de que los diagramas no evocarían esa reflexión. De manera brillante, Gore se da cuenta de que la retórica más eficaz para discutir los límites es una combinación entre arte y ciencia.

Otra comparación en la lectura aclara mi argumento. En *Una verdad incómoda*, el colapso de los arrecifes de coral se proyecta a través de una fotografía de coral azul-verde lechuga de las Islas Fénix, en Kiribati, en la Polinesia, seguida por un coral blanqueado en el Arrecife Rongelap, de las Islas Marshall. Un lector perspicaz notará la ausencia de peces en la última fotografía.[27] Para el cerebrito que desecha las fotografías como anecdóticas, Gore le incluye un mapa del mundo que muestra un hábitat óptimo de coral en diferentes colores del mundo pre-industrial (1880), actual (2000) y del futuro cercano (2050). Para el 2050, no quedará ningún hábitat óptimo o adecuado, sólo aquel marginal o extremadamente mínimo. Consideremos ahora el tratamiento del mismo fenómeno por *El Informe Stern*. Me gustaría hacer hincapié en una oración de la página 93: "El blanqueamiento del coral se ha convertido en algo terriblemente frecuente desde la década de 1980". Un par de oraciones más han quedado relegadas a un recuadro sobre Australia en la página 147. Eliminada toda lectura en *El Informe Stern* con relación a cualquier indignación ante la erradicación de los arrecifes de coral en todo el mundo y, de forma análoga, con los múltiples modos en que se ha estado erradicando todas las selvas del mundo de un solo golpe.

Una verdad incómoda es un banquete visual de principio a fin, y su riqueza visual se refleja en dos páginas completas a lo largo del cierre de créditos en tipografía 8. *El Informe Stern* luce sólo una foto en todo el libro, que aparece en la portada: el planeta Tierra despojado de nubosidad sobre el que ha caído la noche en el hemisferio occidental. No obstante, Stern debe ser felicitado por su selección. La imagen representa la perspicacia de la pintora surrealista estadounidense Georgia O'Keefe "Nada es menos real que el realismo. Es sólo mediante la selección, la eliminación, el énfasis que se obtiene el significado real de las cosas".[28] La distribución agrupada de las luces artificiales es directamente proporcional a la densidad de población y el consumismo. No hay duda en cuanto a las causas al mirar los cúmulos brillantes de América del Norte y Europa Occidental. En contraste, pero con igual mérito, es la imagen en la portada de Gore de *Una verdad incómoda*: el planeta azul envuelto con la materia de la TNE – espirales de nubes.

El hábil uso de las imágenes ejemplifica la convicción de que no existe solución técnica al problema de las fluctuaciones climáticas. El público debe estar comprometido a abrir los libros y leerlos. Lamentablemente, a la mayoría de gente nunca se la va a convencer de abrir un libro y leerlo. Mejores que las fotografías y el texto son las películas y un guión interesante. En la introducción, Gore escribe

> Mi principal preocupación en todo este proceso era que la transformación de la presentación de diapositivas en una película no sacrificara el papel central de la ciencia en aras del espectáculo. Pero a medida que más conversaba con este extraordinario grupo y sentía su profundo compromiso con exactamente las mismas metas que yo perseguía, más me convencía de que la película era una buena idea. Si en lugar de seguir hablando a unos pocos cientos de personas cada noche, quería llegar rápidamente al mayor número de ellas posible, una película era la manera de conseguirlo.[29]

Las imágenes de Gore, ya sea en su película documental o inclusive en el libro, se integran en el relato tal como Hardin lo recomendó en "La tragedia".

> De paso, no tiene ningún valor que la moralidad de un acto no pueda ser determinada a partir de una fotografía. No se sabe si un hombre matando a un elefante o prendiéndole fuego a un pastizal está dañando a otros hasta que se conoce el sistema total dentro del que se incluye este acto. "Una imagen vale por mil palabras", dijo un anciano chino; pero se llevaría diez mil palabras validar esto.[30]

Lo que a Hardin le faltó, pero Gore percibió es el papel de la fotografía en ayudarnos a superar la negación. Las fotografías contrarrestan lo que Hardin describió como "la tendencia natural de hacer lo incorrecto".[31] No es ninguna coincidencia que los museos del Holocausto alrededor del mundo dependen en gran medida de la fotografía. Las imágenes de las víctimas, por doloroso que sea verlas, nos ayuda a definir nuestra ética.

Algunas de las imágenes de *Una verdad incómoda* muestran cuán poco original es la tesis de las campañas de los medios corporativos y su daño a la comunidad. Por ejemplo, en contraste a las estadísticas sobre el sesgo de los medios de comunicación al reportar el calentamiento global, Gore reproduce un anuncio de 1950 de RJ Reynolds Tobacco Co. "¡Más médicos fuman *Camels* que cualquier otro cigarrillo!"[32] Durante medio siglo, destacados estudiosos expusieron ese tipo de desinformación. En 1995, Sagan escribió:

> Cuando en 1953 se publicó el primer trabajo en la literatura científica que demostraba que cuando se pintan las sustancias del cigarrillo en los lomos

de roedores producen resultados malignos (cáncer), la respuesta de las seis principales compañías de tabaco fue iniciar una campaña de relaciones públicas para impugnar la investigación, patrocinada por la Fundación Sloan Kettering. Eso es similar a lo que hizo la Du Pont Corporation cuando en 1974 se publicó la primera investigación que demostraba que sus productos de freón atacan la capa protectora de ozono. Hay muchos más ejemplos.[33]

Al recordarnos la *realpolitik* a través de imágenes y texto, es inevitable volver a la ponderaciones acerca de la justicia, ya sea para la azafata que sucumbe al humo ajeno o del polinesio que perderá su hogar y su patria debido a las fluctuaciones climáticas. Indudablemente, ese tipo de discurso desinteresará rápidamente al economista acostumbrado a prestarle poca atención a reflexiones sobre la justicia. A pesar de que la eficiencia y la equidad son introducidos en los inicios de los textos de estudio referentes a los principios de la economía, los conceptos son siempre acerca de "la eficiencia y la equidad" (para emplear la técnica tipográfica de Hardin). La táctica es semejante al discurso sobre los productos en los diagramas de flujo circular de texto de estudio introductorios y luego, unas páginas más adelante, el tema incómodo de las externalidades.

Para soportar una discusión acerca de las fluctuaciones climáticas y la equidad con los economistas, se debe distinguir el contexto en el cual se presentan las acusaciones típicas sobre injusticia. Existen dos escenarios distintos que son fácilmente confundidos. El estándar es una transacción en que dos partes ejercen libremente su voluntad de comprar o vender en el mercado. Si una de las partes más tarde se siente como el/la perdedor/a, el economista razona, él/ella no debería haber consumado la transacción en primera instancia, sino haber comprado o vendido en otro lugar. En tales debates televisados, Milton Friedman exclamaría *caveat emptor* (¡Ojo, comprador!) triunfalmente.[34] Hay mucho mérito en el desprecio por los clamores de injusticia en tales casos. Empero, el argumento de injusticia sobre el sumidero atmosférica es fundamentalmente diferente. El Sur no había acordado nada cuando el Norte contaminó el planeta sin orden ni concierto. Quizás al darse cuenta de esto, el Norte ha cambiado rápidamente la narrativa. En la actualidad se menciona algo así: el medio ambiente fue percibido erróneamente como resistente hasta que los científicos demostraron que un límite había sido efectivamente sobrepasado en el que el manejo de los bienes comunes globales se justificaría. Dicha narrativa es poco objetable, siempre y cuando se acompañe de un plazo límite. Si la percepción de la resistencia es de fecha posterior a 1990, es decir, después de la emisión del primer informe del IPCC, entonces la narrativa es fraudulenta. Se trataría de una mentira conveniente a una verdad incómoda. Percibiendo el engaño, el Sur no debe y no debería abandonar su demanda de indemnización. En caso de que su reclamo caiga en oídos sordos, los países del Sur ricos en carbono experimentarán, con razón o sin ella, poca renuencia en seguir un desarrollo industrial de la misma manera sucia en la que lo llevó adelante el Norte. Con un sentido irónico, incluso se puede reciclar el mismo argumento de que la ciencia de las fluctuaciones climáticas aún no es concluyente. Recordando que firmaron la CMNUCC, ellos podrían señalar alternativamente su pobreza y citar de Garrett Hardin *"la moralidad de un acto es una función del estado del sistema en el momento en que se realiza"*.[35]

A menos que el tema de la equidad sea resuelto para los países del Sur ricos en carbono, la tragedia de los comunes se producirá, arriesgando la posibilidad de un efecto invernadero galopante.

Para conseguir que un país rico en carbono atraviese el cuello de botella fruto de la economía de vaquero y llegue a ser la nave espacial, la pregunta seguirá siendo: ¿quién debe pagar? Cualquiera que esté afiliado con las universidades estatales de América Latina conoce la respuesta de memoria. La pancarta del primero de mayo dice: *La crisis ¡qué la paguen los ricos!* Ahora escuchamos el espíritu de Milton Friedman con risitas ahogadas... *¿Quiénes son estos ricos? ¿incurrieron ellos en los costos que ahora deben ser sufragados?* Si los ricos incurrieron los costos, entonces deberían pagar. Sin embargo, la responsabilidad moral de tener que pagar cuando uno no contrajo los costos es más ambigua. Por ejemplo, los ricos pagan impuestos que son destinados a la educación universitaria pública o a transferencias directas de dinero a favor de madres con hijos a su cargo, tomando en cuanta que muchos nunca tendrán acceso a estos programas del gobierno.

Cualquier mérito que exista en las quejas perennes de los ricos, desaparece con respecto a los gases invernaderos. Las fluctuaciones climáticas son el mejor ejemplo para justificar *La crisis ¡qué la paguen los ricos!* A través de un consumo excesivo, los económicamente ricos han causado sin duda la crisis, y ahora deben pagar para ayudar a los países ricos en carbono, pero pobres económicamente, a atravesar el cuello de botella. Tal rendición de cuentas es bastante obvia y obviamente justa.

La pregunta increpa. ¿Quiénes son "los ricos?" Ciertamente no se debe equiparar con los "países ricos", ya que los niveles de pobreza en el país más rico del mundo, los EE.UU., representan el 12% de la población con un 58% que califican como pobres en algún momento de sus vidas entre las edades de 25 y 75.[36] Sin embargo, las estadísticas nublan la mente y palidecen contra una búsqueda rápida en YouTube de los "campamentos" y "California", supuestamente el estado más rico de los Estados Unidos. ¿Debería acaso imponérseles austeridad a los habitantes de estos "*Bush Gardens*" (Jardines de Bush)[37] – Muchos en el Sur dirían sin piedad que sí – ojo por ojo, diente por diente. Brasil, por ejemplo, ha institucionalizado *reciprocidade* (reciprocidad) como el eje de su política exterior y recordará con amargura las medidas de austeridad de la década de 1980 que fueron defendidas por los EE.UU. Esa respuesta sin embargo viola la Regla de oro: "Haz a los demás lo que quieras que te hagan a tí".[38] Hay muchos pobres presentes en el Norte que no poseen una casa, mucho menos una segunda o tercera, que no tienen un carro, ni mucho menos un Hummer, etcétera. Ellos no sobrepasaron el CO_2e. Ellos también son víctimas. *La crisis, ¡Que la paguen los ricos!* debe referirse a los ricos en los países ricos. Una vez más, esa rendición de cuentas es bastante obvia y obviamente justa.

En *Diorama 2000: hacia una ética para la supervivencia humana*, Hardin escribió "Después de llegar a lo que parece ser una conclusión inevitable, hay que tratar de desechar un compromiso y examinar la conclusión como un adversario hostil lo haría. Cambiando de lugar, se puede ver otra posibilidad?"[39] Cuando se trata de impuestos, mal de muchos, consuelo de tontos. Los ricos en los países ricos pondrán patas arriba mi argumento de justicia. ¿Por qué los ricos en los países pobres deben estar exentos? Tendrán su lógica ya que sus compañeros ricos en los países pobres también han sobrepasado el CO_2e y no deberían estar exentos. El impuesto sobre los ricos debe ser global, con el mismo umbral de riqueza, sin tomar en consideración el origen nacional. Tal propuesta se integra con las de Susan George, al referirse sobre impuestos mundiales con fines ambientales, lo que en consecuencia prevendría la evasión de impuestos fundamentada en la migración internacional.[40]

Todo esto puede sonar contradictorio a la *realpolitik* invocada para explicar la asignación de recursos. ¿Acaso la gente extremadamente rica no va a resistir hasta su último aliento cualquier impuesto nuevo? Resistirán y su resistencia anticipada es la razón por la cual el tipo de impuesto debe ser elegido de manera estratégica. Nuevos impuestos sobre ingresos o bienes, encontrarán la mayor resistencia y deben ser evitados. El impuesto a la herencia encontrará la menor resistencia por la sencilla razón de que el rico estará muerto para cuando llegue el recaudador de impuestos. ¿Cuánto debe ser el impuesto es una función de cuánto se necesitará para que los países del Sur ricos en carbono atraviesen el cuello de botella de la economía de vaquero y pasen a ser una nave espacial. Mi instinto me dice que el número será muy elevado, dada la gran población en muchos de los países ricos en carbono (por ejemplo, China e India). Ese sentimiento está en desacuerdo con la imagen optimista de situación *win-win* ("todos salimos ganando") pintada por Jeffrey Sachs y otros.[41] *La economía de la Iniciativa Yasuní-ITT* implica que el Índice de Desarrollo Humano del PNUD debe aumentar considerablemente para países con poblaciones de cientos de millones de personas (por ejemplo, Indonesia y Nigeria) o mil millones de personas (China e India) sin producir las emisiones de CO_2 que históricamente han acompañado el desarrollo económico. El reto no será barato ni fácil. El Ecuador puede ser el punto de partida.

Con la perspectiva de un impuesto a la herencia establecido a nivel mundial, ahora debemos profundizar en los detalles. Voy a empezar con un supuesto sencillo (zapatero a su zapato): la gente, naturalmente, quiere que sus descendientes vivan una vida cómoda. Se puede considerar que ese tipo de vida la disfruta el 95 por ciento en el Norte industrializado. Por ejemplo, el límite inferior del 95 por ciento del límite inferior en los EE.UU. fue de $166.000 por año en 2005.[42] Suponiendo un rendimiento muy conservador en la inversión del 2%, los ricos pueden garantizar que sus descendientes disfruten del 95 por ciento de los ingresos a perpetuidad con un legado de $8,3 millones. Es decir, todos los bienes de los ricos de más de $8,3 millones por niño (o dos beneficiarios designados en caso de que el rico/la rica no tenga hijos) se debe recoger en un impuesto a la herencia. Esto significa que la propiedad de un multimillonario con tres hijos, consignaría todo al Estado menos $24,9 millones. ¿Es eso tan irrazonable?

Partidarios inesperados de esta propuesta pueden ser algunos multimillonarios. Ellos también intuyen el impacto de su consumo excesivo en el planeta, al igual que muchos intuyen que al haber nacido rodeados de lujo extremo se han socavado los valores de sus hijos. Si desean asegurar una vida cómoda a perpetuidad por consanguinidad, esa línea de parentesco puede vivir de una renta vitalicia. Si en algún momento una línea de parentesco dentro de las generaciones desea ser el último de la línea familiar, puede consumir el capital de $8,3 millones. Cuando todos los países ricos en carbono alcancen el umbral del Índice de Desarrollo Humano que alcanzó Costa Rica en 2001 al negarse a extraer petróleo, el impuesto a la herencia mundial puede expirar.

Al combinar la naturaleza de la *realpolitik* con la de la TNE (termodinámica del no equilibrio) se observa que los extremadamente ricos también tienen puntos de bifurcación, en los que sus intereses son amplificados a través de grupos de presión muy bien pagados. Habrá sin duda puntos beligerantes provocados por mi propuesta. En ninguna parte la beligerancia será más vehemente que en los EE.UU., donde en 2009 se introdujo un proyecto de ley bipartidista en el Congreso para bajar la tasa impositiva máxima sobre las herencias del 45% al 35%. Ello afectaría a un 0,2% de las herencias y ha sido introducido en el transcurso de dos guerras, una gran recesión, una crisis de salud, y un déficit presupuestario proyectado superior a un billón de dólares. Si la ley de alguna manera tiene éxito, no se recaudarán inevitablemente $250 mil millones en ingresos en más de diez años.[43] Como consecuencia, mi propuesta de impuesto a la herencia generaría sólo de los EE.UU. cerca de $1,375 billones durante el período de diez años, aproximadamente $128 mil millones por año o 100 veces más de lo requerido en un año dado para iniciar la Iniciativa Yasuní-ITT.[44]

Honoré de Balzac sostuvo que "detrás de cada gran fortuna hay un crimen".[45] La precisión de "cada" es discutible (¿la mayoría? ¿muchos? ¿algunos? ¿unos pocos?), pero menos discutible es la actualización del "detrás de cada gran fortuna hay un chorro de CO_2e". Los súper-ricos que hicieron su fortuna por las buenas o por las malas a menudo se encuentran legados a un dilema. Uno piensa en la ex convicta estadounidense Leona Helmsley y su perro faldero maltés "Trouble" (Travieso). Como se informó después de su muerte, la señora Helmsley fue "la mujer que dijo la famosa frase 'sólo la gente pequeña paga impuestos', [y] decidió que un perro pequeño se quedara con el mayor legado de su herencia. Sólo para recapitular, Leona Helmsley falleció la semana pasada dejando una fortuna de $4 mil millones fruto de las inversiones realizadas en hoteles de lujo, evadiendo impuestos y abusando de sus empleados".[46] En la economía de la Iniciativa Yasuní-ITT, las Leonas Helmsleys del mundo todavía podrán gastar sus fortunas en bienes y servicios, sujetos a los impuestos al carbono y al comercio en emisiones de carbono, y además dejar varios millones (no miles de millones) a sus descendientes o a sus perros. El párrafo anterior empezó con una referencia de un gigante de la literatura francesa. Este párrafo y este capítulo finalizará con una referencia de otro genio de la literatura, el alemán Thomas Mann. Al igual que la familia Buddenbrook,[47] sospecho que cuatro generaciones más adelante, muchos descendientes de los súper-ricos quedarán totalmente descapitalizados, no importa cuán grande sea la fortuna dejada por el empresario original. Tomando conciencia de esto, los millonarios y multimillonarios de hoy pueden crear un legado que sea verdaderamente sustentable – una capitalización verde en los países ricos en carbono – y así ayudar a llevar a sus descendientes y el planeta a través del cuello de botella traicionero de la economía de vaquero a aquella de la nave espacial.

Capítulo 4

LA TEORÍA GENERAL DEL SEGUNDO MEJOR

Una justificación rigurosa para una propuesta intuitivamente justa

En 1993 Robert W. Fogel ganó el Premio en Ciencias Económicas en Memoria de Alfred Nobel "por haber renovado la investigación de la historia económica al aplicar la teoría económica y métodos cuantitativos en función de explicar el cambio económico e institucional".[1] Clio fue la musa de la historia y Fogel aplicó la nueva "cliometría" a los registros de contabilidad de las transacciones de esclavos. En 1974, él y Stanley Engerman publicaron *Tiempo en la cruz: la economía esclavista en los Estados Unidos*. El análisis refutaba la narrativa popular que daba a entender algo así:

- El sistema de esclavos estaba económicamente moribundo;
- Soldados de la Unión, animados por la prensa abolicionista, murieron en vano;
- Los esclavos habrían sido liberados pronto de todos modos;
- La creciente ola de sentimiento pro-abolición en el Norte tenía poco que ver con la secesión de los Estados Confederados del Sur.[2]

A pesar de que la refutación de mitologías es saludable para cualquier democracia, este tipo de análisis también puede ser mal interpretado. Por ejemplo, Fogel y Engerman hacen notar que: "la evidencia que comienza a salir a luz sugiere que el ataque a las condiciones materiales de vida de los negros tras la Guerra Civil no sólo era más feroz, pero en cierto modo, más cruel que la que les precedió".[3] ¿Era la vida de esclavo mejor que la libertad? La pregunta es tendenciosa e invita a una respuesta afirmativa que a la vez resulta fácil y repugnante. Una respuesta holística es la esencia de la teoría general del segundo mejor. "El ataque a las condiciones materiales de vida después de la Guerra Civil" significa que el gobierno no intervino de una manera adecuada que en consecuencia pusiera a los esclavos liberados en el camino al bienestar material.

A través del lente del segundo mejor, la esclavitud es un sistema intrínsecamente distorsionado cuya naturaleza socava la suposición fundamental de toda la teoría económica: el interés propio. La ausencia del interés propio, constituye la distorsión suprema de la economía de mercado y se burla de la afirmación de que: "No de la benevolencia del carnicero, del viñatero, del panadero, sino de sus miras hacia el propio interés es de quien esperamos y debemos esperar nuestro alimento".[4] Para inducir al interés propio, el amo no sólo utilizaba el palo (el capataz), sino también la zanahoria (la institución de la "manumisión"). Los esclavos recibirían primas en base a su rendimiento y, en su vejez, podrían gastar esos ahorros comprando su libertad. ¡Un negocio redondo! Sin embargo, como Fogel y Engerman indican, la manumisión establece una contradicción: si el amo es el "dueño"[5] del esclavo y el esclavo posee un dólar, entonces, por transitividad, el dueño del esclavo también es propietario del dólar. Mediante el lente de segundo mejor, la manumisión es una distorsión necesaria para volver eficiente el sistema de esclavos, dada la distorsión causada por la falta de interés propio experimentada por los esclavos.

El segundo mejor también aclara lo sucedido durante el período posterior a la Guerra Civil. La época histórica de Reconstrucción tuvo que lidiar con la eliminación de la distorsión suprema a la economía de mercado (la falta de interés propio), así como la aparición de nuevas distorsiones provenientes de los nuevos agentes libres (dependencia y desconfianza por siglos de opresión). En vista de estas nuevas distorsiones, el segundo mejor implica que la adición de aún más distorsiones habría hecho más eficiente la economía de la post-Guerra Civil. Entre las distorsiones necesitadas para una exitosa reconstrucción habrían estado la educación gratuita de adultos para las masas analfabetas y la distribución de la tierra para los ex-esclavos sin tierra.[6] Si el gobierno de los EE.UU. hubiera distorsionado el sistema de mercado, la emancipación probablemente hubiera evitado el feroz y cruel "ataque a las condiciones materiales de vida de los negros", un hecho muy bien documentado por Fogel y Engerman.

¿A alguien se le ocurrió una intervención a gran escala en ese momento? Después de la infame Marcha hasta el Mar (1865), el Mayor General William Tecumseh Sherman emitió la Disposición Especial de la Orden de Combate Núm. 15 destinada a confiscar 400 mil acres de haciendas donde se empleaban esclavos a lo largo de la costa atlántica de Carolina del Sur, Georgia, y Florida, para luego proceder a distribuir las tierras en parcelas de 40 acres a los 100.000 esclavos liberados, junto con mulas excedentes del ejército. Los "40 acres y una mula" a menudo se considera una "compensación", aunque nominal, por los horrores que sufrieron los afroamericanos durante la esclavitud.[7] Una vez más la elección del lenguaje canaliza el debate. Cualquiera que hubiera sido la intención de Sherman, fuera noble (indemnización a las víctimas) o innoble (represalias contra los vencidos), la equidad subyacente de la Orden de Combate Núm. 15 puede ser analizada en términos de eficiencia. Si los ex-esclavos hubiesen llegado a ser granjeros, la historia de los EE.UU. habría sido infinitamente mejor. Es fácil imaginarse la robusta economía de cien mil granjas de familias a lo largo de la costa del Atlántico en vez de la pobreza rural que persiste hasta nuestros días. Por desgracia, el racismo triunfó en la post-Guerra Civil de los EE.UU.[8] El presidente Andrew Johnson derogó la Orden de Combate Núm. 15 en 1868 y así comenzó un siglo de esclavitud *de facto* a través de la segregación y exclusión. Tres generaciones después de la Guerra Civil, William Faulkner, nacido en Mississippi y laureado en 1949 con el Premio Nobel de Literatura, escribiría "el pasado no está muerto ni enterrado: de hecho ni es siquiera pasado".[9] Gunnar Myrdal en 1974 ganaría el Premio en Ciencias Económicas en Memoria de Alfred Nobel por el análisis del impacto económico del racismo estadounidense y los círculos viciosos de pobreza.

La historia invita a las analogías. Con respecto a las fluctuaciones climáticas y a la Iniciativa Yasuní-ITT, estamos en un momento de "40 acres y una mula". Mi analogía con la esclavitud en Estados Unidos está casi terminada y sólo le faltan algunos detalles. El principal de ellos es que la gran mayoría de los ciudadanos de los Estados Confederados de América no poseían esclavos. La aristocracia esclavista reclutó a hombres blancos de escasos recursos económicos, de los cuales el dieciocho por ciento moriría.[10] Fue un éxito en desplazamiento de costos escrito con mayúsculas. Como vemos a lo largo de la historia de los EE.UU., la eficiencia y la equidad no son asuntos separados. Tomando en consideración lo no negociable del juicio de valor de la libertad, lo que habría sido equitativo (40 acres y una mula) también habría sido eficiente. Regresemos a la analogía: teniendo en cuenta el juicio de valor no negociable del no desplazamiento de costos de las fluctuaciones climáticas antropogénicas, los países industrializados del Norte deberían pagarle al Sur, que a su vez es rico en carbono, por dejarlo en el subsuelo y además destinar fondos para la transición a un desarrollo sustentable.

Uno puede estar de acuerdo con la idea de una indemnización, pero a su vez no estarlo con la iniciativa de que deba comenzar con los yacimientos de petróleo del Yasuní ITT, que son apenas una gota en el océano que suponen las futuras emisiones de CO_2. James Hansen, quien quizá sea el climatólogo más renombrado del mundo y director del Instituto Goddard para Estudios Espaciales de la NASA, comenta: "El carbón es responsable de tanto dióxido de carbono en la atmósfera como todos los otros hidrocarburos combinados y es una peor amenaza a largo plazo dado las enormes reservas de carbón de la tierra".[11] En vista de las vastas reservas de carbón, la prioridad en la compensación debe ir hacia China y la India. Entonces, ¿por qué estamos discutiendo los aspectos económicos de la Iniciativa Yasuní-ITT y no una iniciativa de compensación de carbón destinada para China y la India? La respuesta simple y llanamente es la eficiencia. Al igual que cualquier propuesta de ingeniería, un proyecto piloto es prudente antes de iniciar cualquier inversión a gran escala. Desde una perspectiva global, el Ecuador puede servir como piloto para averiguar cómo funcionaría la implementación antes de su expansión a Indonesia, Nigeria, India y China. Para hacer mi analogía completa con la esclavitud en los Estados Unidos, el Ecuador, como proyecto piloto, sería como si los Estados Unidos hubiera experimentado con "40 acres y una mula" por primera vez en el pequeño estado de Delaware, antes de abordar las plantaciones de la costa atlántica de Carolina del Sur, Georgia , y la Florida.[12]

Un gran segmento de la población encuentra las analogías históricas poco convincentes. Sienten "la feroz urgencia del ahora". Entonces, permítanme ofrecer un ejemplo que está al corriente. Voy a aplicar la teoría del segundo mejor a los acontecimientos actuales en mi rincón del mundo (Puerto Rico). En este momento (mayo de 2009) la economía de Puerto Rico está en su peor recesión desde la Gran Depresión. Los economistas no se ponen de acuerdo sobre la definición de depresión. Sin embargo, hay quienes consideran que tres años consecutivos de crecimiento negativo suponen una depresión. Sea como fuere, la teoría del segundo mejor se manifiesta con venganza. El gobernador Luis Fortuño inició su mandato el 1 de enero de 2009 con una plataforma neoliberal. En medio de la disminución de los ingresos tributarios, una monstruosa deuda, y los sueños de la federación de la isla como estado de los EE.UU., Fortuño presentó la Ley 7 para alentar el retiro de unas 30.000 personas de la nómina pública a través de "renuncias voluntarias".[13] El objetivo sería la reducción de aproximadamente el 10% de los empleados del gobierno. Para el 2 de mayo de 2009, menos del 1% había respondido (sólo 2.495 personas) y muchos eran los mal remunerados maestros de las escuelas públicas, quienes además son difíciles de retener y mucho menos de reclutar. La consecuencia no deseada de la Ley 7 era previsible desde la teoría del segundo mejor. El desmantelar la distorsión de puestos titulares de servicio público, a través de la distorsión de los incentivos, agravó la distorsión de que los maestros no perciben un salario competitivo. La familiaridad con el segundo mejor debería hacer reflexionar a cualquier político neoliberal inclinado hacia reformas fragmentarias.

Un indicador de la utilidad de la teoría económica es su aplicabilidad en todo el espectro político. La teoría del segundo mejor cumple fácilmente con ese criterio. Tanto críticos como partidarios de la reforma neoliberal pueden construir argumentos en base al segundo mejor para defender sus planteamientos ¡incluso en relación con el mismo mercado! Ejemplos que no tienen nada que ver con el petróleo ilustran la solidez del segundo mejor, fortaleciendo así el caso para su aplicación al petróleo.

Volvamos al mercado de trabajo académico, mi área favorita. Los neoliberales en todo el mundo se oponen a la institución de la permanencia, presuntamente porque socava la responsabilidad de los profesores e induce un "riesgo moral" al fomentar maneras de eludir un trabajo responsable una vez que se ha garantizado el empleo de forma vitalicia. Profesores de todo el mundo argumentan que la permanencia protege la investigación en áreas contrarias a los intereses corporativos que cooptan a los gobiernos. Uno piensa en las grandes compañías petroleras, de biotecnología, Wall Street, y aquellos profesores que han estudiado las fluctuaciones climáticas, los organismos genéticamente modificados, y la retroactividad de las opciones sobre acciones. ¿Podrían haber realizado dichas investigaciones sin la permanencia? Tal vez podrían haberlo hecho. Sin embargo, ¿lo habrían hecho? Muchos no habrían asumido los riesgos de ser despedidos. Aunque la libertad académica justifique la permanencia, se la debe reconocer como una distorsión al mercado de trabajo académico. Acorde con la sabiduría expresada por el codescubridor del segundo mejor, Richard Lipsey, y a quien cito extensamente en el Capítulo 2, podemos repetir: "cualquiera que sea la política, esta puede tener consecuencias inesperadas y no deseadas en partes aparentemente no relacionadas de la economía que deben ser vigiladas y mitigadas cuando sea necesario".[14]

Ninguna reflexión en base a la teoría del segundo mejor era evidente en enero de 1994, cuando la Age Discrimination in Employment Act of 1967 – ADEA (la Ley contra la Discriminación por motivos de la Edad de 1967) fue ampliada para proteger a aquellos profesores en situación de permanencia que debían someterse a edades de jubilación obligatoria.[15] La eliminación de la distorsión pareció mejorar la eficiencia. La jubilación obligatoria es ineficaz si alguien de 70 años quiere trabajar y cumple su trabajo con excelencia. Sin embargo, a la luz del segundo mejor, la eliminación de una distorsión (jubilación obligatoria) puede exagerar otra (permanencia) y hacer el sistema menos eficiente (un académico de edad y de bajo rendimiento). No sólo septuagenarios sino también octogenarios e incluso nonagenarios pueden aferrarse a sus puestos universitarios. Si se elimina una distorsión (jubilación obligatoria a los 70), entonces hay que remover la distorsión relacionada (permanencia pasado los 70). En otras palabras, si se acepta la noción de la permanencia (por muy buenas razones), entonces también hay que aceptar la idea de la jubilación obligatoria (debido al segundo mejor) alcanzada cierta edad.[16]

Los ejemplos de segundo mejor en la educación ilustran la neutralidad política de la teoría. Repito: así como se puede utilizar para criticar la reforma neoliberal, también se puede utilizar para su defensa. Todo depende del contexto, lo que es coherente con el tema general de la teoría del segundo mejor: las economías son sistemas complejos que sufren múltiples distorsiones. No obstante, los ejemplos parecen desviarse de la pregunta en cuestión: la economía de las fluctuaciones climáticas y el caso si el Ecuador debe ser compensado por no extraer el petróleo de los yacimientos de ITT. Por ende, permítaseme entonces traer a colación un ejemplo más pertinente a la aplicación del pensamiento sobre el segundo mejor: la Organización de Países Exportadores de Petróleo (OPEP). Si Venezuela no hubiese encabezado la cartelización del petróleo en la década de 1960, el mundo habría sufrido mayores emisiones de CO_2 y una aparición más abrupta de la transformación climática. La cartelización permitió que la OPEP redujera la oferta de petróleo, mientras buscaba el nivel de maximización de los beneficios de la producción mundial. Como era de esperarse, los textos de introducción a la economía citan la OPEP sólo negativamente.[17] A los estudiantes se les enseña que no sólo los oligopolios causan una "pérdida irrecuperable de bienestar" para los consumidores que podrían haber disfrutado del petróleo barato, sino también ineficiencias en la producción, ya que la cantidad ofrecida no está en el punto más bajo de la curva de costosmedio. Excluida de tales presentaciones está la externalidad persistente de las emisiones de CO_2 y el éxito continuo de la industria para desplazar esos costos. La omisión coincide con el concepto erróneo del flujo circular de la economía entre los hogares y las empresas como se discute en el Capítulo 1. Aunque la amortiguación de las emisiones de CO_2 haya sido una consecuencia involuntaria de la OPEP, el mundo no obstante, debería estarle agradecido. En términos abstractos del segundo mejor, el cártel de la OPEP es una distorsión al igual que las emisiones de CO_2 no contabilizadas. La adición de distorsiones selectas (la cartelización) a una economía ya distorsionada (el desplazamiento de los costos) mejora la eficiencia del sistema (menos fluctuaciones climáticas).

A un nivel "macro" entre países, el segundo mejor se aplica a la Iniciativa Yasuní-ITT por las razones citadas en el primer capítulo: la falta de un límite es una distorsión que en consecuencia requiere la distorsión de una compensación para tornar al sistema más eficiente, es decir, niveles manejables de emisiones de CO_2e. Sin duda los críticos de la Iniciativa Yasuní-ITT se permitirán pretensiones de superioridad. Después de todo, argumentarán, los países recién industrializados, ricos en carbono, proceden con el mismo éxito en el desplazamiento de costos de lo que acusan a los países industrializados del Norte. El problema con este argumento es que ignora la *realpolitik* de los países de reciente industrialización, donde la elección de los políticos está entre la mejora del bienestar de sus ciudadanos empobrecidos o la protección del bienestar de las personas más allá de sus fronteras (uno piensa aquí en la baja altitud de Bangladesh). El certificable genio Freeman Dyson señala: "Hay mucha verdad en la declaración que los Verdes son personas que nunca tuvieron que preocuparse por las cuentas de comestibles... el movimiento de las poblaciones de China e India de la pobreza a la prosperidad de la clase media debe ser el gran logro histórico del siglo. Sin carbón no puede suceder".[18] El sentimiento de Dyson recuerda la cita de Hardin de que *"la moralidad de un acto es una función del estado del sistema en el momento en que se realiza"*.[19]

Si la teoría general del segundo mejor es realmente sólida, debería aplicarse no sólo a Ecuador dentro de la comunidad de naciones, sino también a las comunidades en la nación de Ecuador. En concreto, el segundo mejor puede aplicarse a la política nacional en materia del uso de la tierra y la transformación del clima.

Permítaseme presentar un ejemplo hecho a la medida para explicar los problemas de la estabilización del clima mundial. Poco después de la firma del Protocolo de Kioto en 1997, tuve la suerte de ser el director de una excelente tesis de maestría de la Facultad Latinoamericana de Ciencias Sociales (FLACSO). La misma abordaba la teoría del segundo mejor, el Mecanismo de Desarrollo Limpio de la CMNUCC y el uso de la tierra con fines agrícolas. La estudiante, Aida Arteaga, investigó tres propiedades en Ecuador.[20] Dos eran fincas colindantes en una región montañosa y ambas practicaban la cría de ganado. La primera (llamada caprichosamente Bombolí) conservaba toda la cubierta forestal en las laderas, cerca del 30% de la tierra. La finca vecina conservaba sólo el 7% de la cubierta forestal. La tercera era la estación experimental Centro Fátima, que está en una región de gran altitud de la Amazonía (900 m) y se dedica a la cría de animales nativos que pastan en una sucesión natural de crecimiento de los bosques. Las estimaciones de las emisiones de CO_2e fueron sorprendentes. Bombolí tenía mucha más agua que la finca vecina y el agua era el factor limitante en la ganadería. ¡Al computar el CO_2e de la flatulencia (CH_4) de los bovinos adicionales, Bombolí con su cubierta forestal del 30% tenía un impacto de carbono peor que la finca con sólo 7% de cobertura forestal! En otras palabras, la reforestación de las laderas de pastos degradados sería contraproducente para el objetivo de reducir las emisiones netas de gases de efecto invernadero. Por ende, la ausencia de ganado en la línea base de emisiones de gases de efecto invernadero es una distorsión que se amplifica mediante la reforestación.

Mayor CO_2e a través de la reforestación es una de las muchas consecuencias involuntarias de las reformas políticas fragmentarias que son explicables y predecibles en base a la teoría del segundo mejor. Sin embargo, a partir del segundo mejor también pueden surgir políticas. La reforestación es un aumento en las reservas de carbono sólo si se incrementa la fuente natural de proteínas de origen animal como en el caso del Centro Fátima. Dado que las causas de las emisiones de CO_2e se encuentran en la fabricación de las preferencias alimenticias (por ejemplo, las campañas en los medios de Big Mac, Whoppers, y Burrito Supremes), el segundo mejor sugiere una intervención compensatoria gubernamental en la formación de preferencias en el consumo de proteínas que son naturales para el hábitat de los bosques de crecimiento secundario.

A pesar de que mi argumento trata de apelar a un amplio número de lectores a través de varios ejemplos del segundo mejor, los cuales van desde los horrores de la esclavitud en Estados Unidos a la caprichosamente llamada finca "Bombolí", la misma no obstante se ve complicada por abstracciones propias a mi profesión. ¿Por qué yo y otros economistas hablamos del segundo mejor cuando llamándolas "consecuencias involuntarias" las haría más fáciles de entender? Poniendo mis ejemplos en los términos más llanos, se podría decir que la consecuencia involuntaria facilita los siguientes puntos:

- la emancipación fue el deterioro del bienestar material de los libertos
- los esquemas de incentivos para fomentar la renuncia de los empleados públicos motivaron únicamente a aquellos empleados que eran subpagados

- el desmantelamiento de la jubilación obligatoria permite "trabajar" hasta que uno se muere de vejez
- la reforestación de pastizales genera mayores emisiones de gases de efecto invernadero.

Fogel y Engerman reconocen la queja sobre la elección del idioma en *Tiempo en la cruz*:

> Para muchos humanistas, el trabajo de los científicos sociales "más suaves" con frecuencia les parece pretencioso. Muy a menudo, uno tiene que trabajar muy duro para descifrar la jerga de un científico social, sólo para descubrir una generalización sobre el comportamiento humano señalada anteriormente por Shakespeare, con menos notas, pero con mucho mayor ingenio y elegancia.[21]

Las "consecuencias involuntarias", son sin duda un tema favorito de Shakespeare y, por lo tanto, el humanista puede seguir adelante. ¿Por qué no una cita del asesinato erróneo de Polonio cometido por Hamlet y su serie de acontecimientos desastrosos? Fogel y Engerman proporcionan una respuesta que resonaría a lo largo de las audiencias científicas sin importar la disciplina. "Los argumentos que descansan en evidencia fragmentaria impresionista deben ser considerados de estar a un nivel relativamente bajo de fiabilidad, independientemente de la objetividad de la fuente de la evidencia".[22] Para aquellos problemas que se prestan a una solución técnica, Fogel y Engerman están en un 100% correctos. Hay que rechazar aquellas anécdotas que cometen el error estadístico de una pequeña muestra y la utilización de metáforas como retóricas floridas sin mucha sustancia.[23] Empero, se equivocan, aunque no en un 100%, con los problemas que no se prestan a una solución técnica. Como se ha argumentado a partir del primer capítulo, las fluctuaciones y transformaciones climáticas pertenecen a la clase de problemas que no tiene solución técnica.

La solución de Hardin a la clase de problemas que no tiene solución técnica es "coerción mutua, mutuamente acordada". El lenguaje de cualquier propuesta económica debe ser atractivo para la discusión en lugar de intimidar. El rigor científico forma un filtro contra la participación de la mayoría de las personas que no han asimilado el método científico. Por esa razón, Fogel y Engerman no están 100% equivocados en su insistencia en el rigor – los cerebritos están realmente presentes – pero pueden estar más cerca del

100% de lo que la mayoría de los profesores de economía querría pensar. Edward E. Leamer, un econometrista de la Universidad de California en Los Angeles, le dice a un reportero de *The Chronicle of Higher Education*:

> la era de Samuelson... tuvo tanto éxito en la introducción de las matemáticas en la conversación que ahora es necesario que uno hable de matemáticas ... porque la mayoría de nuestros estudiantes de doctorado en realidad nunca puede dominar ese lenguaje, y luchan tan duro con la gramática y la sintaxis que terminan no siendo capaces de decir nada... Un matemático no está interesado en el problema... está interesado en el grado de dificultad de la prueba, o la sorpresiva naturaleza del teorema. Esos sistemas de valores están muy bien en matemáticas, pero son muy destructivos en economía.[24]

Si los estudiantes de doctorado en economía luchan con el lenguaje de las matemáticas, entonces uno sólo puede imaginarse la frustración del público en general. Incluso el concepto relativamente sencillo de "fallo del mercado" pondrá a prueba su paciencia.[25] Totalmente inadecuados son los argumentos expresados en una matemática que haría vacilar hasta al estudiante de doctorado en economía (por ejemplo, la función isoelástica de utilidad o el equivalente a un crecimiento equilibrado de la trayectoria de valores descontados que se encuentra en *El Informe Stern*).[26]

En una antología de los mejores escritos populares de la ciencia y la naturaleza, E.O. Wilson percibe una barrera rara vez discutida en el debate sobre el clima:

> Para disfrutar [del método científico], el mantener una actitud crítica efectiva requiere disciplina mental. La razón, de nuevo, se debe a las limitaciones innatas del cerebro humano. El chisme y la música fluyen fácilmente a través de la mente humana, porque el cerebro está genéticamente predispuesto a recibirlos.... Confía en mí: la física es difícil incluso para los físicos.[27]

Como la física, la economía es difícil incluso para los economistas. Argumentos que oscilan en un andamio de supuestos y son expresados en ecuaciones complejas, simplemente no son comprendidos. Si el no ser comprendido es de hecho intencional, entonces tenemos "el Argumento de Cegar con la Ciencia (en este caso, las matemáticas)".[28] No obstante, la comprensión de conceptos matemáticos como la significación estadística y el crecimiento exponencial son necesarios para vivir dentro de los límites sobre la base de "coerción mutua, mutuamente acordada". Afortunadamente, no se necesita una educación científica para involucrarse en la discusión. Incluso me atrevería a aventurar la hipótesis de que la gente pre-alfabetizada entiende mejor la significación estadística y el crecimiento exponencial que un número significativo de graduados que han sido formalmente expuestos a ambos.

He salpicado este capítulo y los anteriores con estribillos, algunos de los cuales casi parecen clichés. Uno apropiado en este caso sería "una golondrina no hace una primavera". Capta el concepto matemático de la tendencia del tamaño pequeño de la muestra, mientras explota la biofilia (amor a la vida) de nuestra mente adaptiva. Del mismo modo, el concepto de crecimiento exponencial se ve en las metáforas que reflejan elocuentemente la biofobia (miedo a la vida): de expandirse como fuego, o una mala hierba o como una peste. Los graduados a menudo carecen de experiencia con incendios, jardinería, o epidemias y, por lo tanto, tienen más dificultades para asimilar la "coerción mutua, mutuamente acordada" que sus antepasados agricultores, fueran éstos pre-alfabetizados o analfabetos marginales. De hecho, la mente adaptiva no asimila las experiencias puramente cognitivas de la universidad y los educadores se han dado cuenta de esto de hace tiempo. Benjamin S. Bloom fue el primero en formalizar los diferentes dominios del aprendizaje.[29] En el ámbito cognitivo, el reto es escalar la pirámide de aprendizaje del nivel más bajo de adquisición de conocimientos al más alto de evaluación de los marcos teóricos incorporando a la vez el dominio afectivo y el psicomotriz.[30]

La mente adaptiva está bien afinada para detectar el engaño y el "éxito para desplazar los costos" es el engaño por excelencia.[31] Mientras que las personas se desconectan cuando se enteran del "fallo del mercado" y se apagan con las funciones isoelásticas de utilidad o la trayectoria de valores descontados las neuronas se disparan con el "éxito para desplazar los costos". Hardin intuyó que la mente adaptiva forma parte de la solución hacia la "coerción mutua, mutuamente acordada". Como un camino a la "alfabetización" y a "nociones elementales de cálculo aritmético" con lo que acuñó la palabra "ecolacy" (eco-intuición) y observó que:

Sin duda se usaron las palabras antes de los números, pero de una manera primitiva, el punto de vista ecológico puede ser más antiguo que cualquiera de los dos. Lo que la gente sofisticada interpreta como el conservadurismo poco inteligente por parte de la gente "primitiva", en general surge de un reconocimiento no verbal "instintivo" de la complejidad de la vida.[32]

Debido a que la transformación del clima es un problema sin una solución técnica, el reto es involucrar a la gente para que perciba la necesidad de vivir dentro de los límites. Sin embargo, la confianza en la autoridad de los expertos levanta sospechas ya que ni siquiera los expertos en un campo diferirán de forma automática a los expertos en otro. Uno ve esto en el rechazo de Hansen por Dyson,

> Si lo que dice fuera obviamente erróneo, no habría logrado lo que logró. Empero, Hansen ha convertido su ciencia en ideología. Es un hombre muy persuasivo y tiene el aire de saberlo todo. Él tiene todos los méritos y yo no tengo ni uno. No tengo un doctorado. Él ha publicado cientos de artículos sobre el clima. Yo no. De acuerdo a la norma pública él está calificado para hablar y yo no. Empero, lo hago porque creo que tengo la razón. Creo que tengo una visión amplia del tema, que Hansen no tiene. Creo que es cierto que mi carrera no depende de ello, mientras que la suya sí. Nunca pretendo ser un experto en clima porque creo que es más una cuestión de juicio que de conocimiento.[33]

A través del debate entre expertos del clima y el público, muchos de los escépticos se harán más receptivos a "la coerción mutua, mutuamente acordada". El mismo Dyson es un buen candidato ya que su principal preocupación es que un acuerdo injusto esté siendo diseñado, el cual limitaría las emisiones de gases de efecto invernadero y bloquearía efectivamente el desarrollo de los países ricos en carbono pero pobres económicamente. La Iniciativa Yasuní-ITT, pondría fin a esa preocupación.

El filósofo francés Jacques Ellul dijo:

> La democracia se basa en el concepto que el hombre es racional y capaz de ver claramente lo que está en su propio interés, pero el estudio de la opinión pública sugiere que esta es una propuesta muy dudosa.... La opinión pública es tan variable y fluctuante que el gobierno nunca podría basar una línea de acción en ella; tan pronto como el gobierno comenzara a perseguir determinados objetivos en favor de un sondeo de opinión pública, esa opinión se volvería contra él.... Sólo hay una solución: como el gobierno no puede seguir la opinión pública, la opinión pública debe seguir el gobierno. Hay que convencer a esta masa presente, ponderosa, y apasionada que las

decisiones del gobierno son buenas y legítimas, y que su política exterior es correcta.[34]

En suma, la teoría general del segundo mejor es una justificación rigurosa para una propuesta intuitivamente justa – la Iniciativa Yasuní-ITT. El público debe ser lo suficientemente comprometido para apoyar a los gobiernos que asumen el liderazgo en su aplicación. Ese liderazgo debe comenzar simultáneamente en el Norte y el Sur. ¿Acaso soy muy optimista?

Capítulo 5

A TRAVÉS DEL CUELLO DE BOTELLA DE UNA ECONOMÍA DE VAQUERO

Financiación de proyectos ya preparados

La teoría no transcurre dentro del vacío. Los economistas reflexionarán sobre John Maynard Keynes y la Gran Depresión.[1] Keynes observó que los mercados no siempre operan en concordancia con lo que la teoría económica había observado durante años. Por ejemplo, un tercio de la fuerza laboral de los EE.UU. afrontaba el desempleo en la década de 1930.[2] En lugar de los precios, las cantidades se ajustaron y la economía se asentó en un equilibrio de desempleo. Mediante la incorporación de esta observación a la teoría, surgió la macroeconomía.[3] En la actualidad, existe aun más razón que nunca para creer que la teoría no puede ocurrir dentro del vacío. Según Stern, las fluctuaciones climáticas pueden causar estragos que al combinarse superarán aquellos causados por la Gran Depresión y las guerras de la primera mitad del siglo XX.[4] ¿Llegará a surgir una nueva macro-macroeconomía? El meollo de mi argumento es esta ya surgió. A mediados de 1970, una nueva macro-macroeconomía podía ser espigada en la economía de Boulding, Georegescu Roegen, Schumacher y Daly, y la ciencia de Carson, Ehrlich, Hardin y Prigogine. Diez años es un lapso razonable para poner en práctica la síntesis. Si el aparato político hubiera tomado medidas a mediados de los 80, el ejemplo de Stern de "cambio climático" como el fallo del mercado... en la mayor escala que el mundo jamás haya visto"[5] habría sido mitigado en gran medida o incluso evitado.

La incorporación de la segunda ley de la termodinámica en la economía es la condición necesaria para hacer frente a las fluctuaciones climáticas, pero no es suficiente. Uno debe también entender cómo funcionan las instituciones y cómo se toman decisiones colectivas. En el lenguaje de la termodinámica, las instituciones definen las condiciones de contorno, mientras que las decisiones se convierten en puntos de bifurcación en las vías del éxito o el fracaso. Con respecto a las vías emergentes de las emisiones de CO_2e, la Secretaría de la CMNUCC examina propuestas a través de la Conferencia de las Partes (COP). Aunque las propuestas no han avanzado lo suficiente como para ser etiquetadas como éxitos, todavía es temprano en términos históricos. Lo que no está en discusión es cómo un país pobre puede avanzar del cuello de botella del subdesarrollo.[6] La industrialización sucia es la receta comprobada. Una vía prometedora para el éxito es una fuerte inversión del Norte en los países económicamente pobres, pero ricos en carbono, para que ellos también puedan asumir los límites de un sistema mundial de comercio en el derecho de emisiones. De hecho, hasta su paso por el cuello de botella, la *realpolitik* actúa en contra de la adopción de cualquier límite. El Ecuador aspira a convertirse en el modelo mediante la Iniciativa Yasuní-ITT.

El argumento es simple y la simplicidad es una ventaja para explicar la teoría al público. Sin embargo, la simplicidad es también una desventaja para poner en práctica la teoría; "El diablo está en los detalles". Afortunadamente, Hardin ha proporcionado no sólo un esqueleto teórico para la administración de la atmósfera, sino también muchos de los detalles. Lo he citado con frecuencia y con el propósito de transmitir un sentir apropiado para los economistas vaqueros que puedan estar leyendo, les diría que todavía existen campos de oro "inexplora'os y desaprovecha'os".

Sorprendentemente, Stern cita a Hardin sólo una vez en el *Informe Stern:* ¿un texto titulado "Tragedia de los Comunes?" En base al presagio del signo de interrogación, Stern se lamenta "de los Comunes" de Hardin " como una "metáfora simplista".[7] *Nolo contendere* (no me opongo a la acusación.) Los "bienes comunes" sustituye el "acceso abierto", que es la expresión más exacta, pero menos simpática. Sin embargo, el equívoco de Hardin en la palabra "común" probablemente no es la razón por la cual otros académicos y Stern no le otorguen a Hardin su debido mérito.[8] Una mejor explicación sería la dura prosa de Hardin. Consideremos, por ejemplo, el ensayo de Hardin de 1974 "La ética del bote salvavidas: El caso en contra de ayudar a los pobres"[9] Stephen A. Marglin es uno de los economistas simpatizantes del enfoque ecológico, pero a su vez no es aficionado de Hardin. En el contexto de las fluctuaciones climáticas, escribe Marglin de Hardin "centrarse en culpar a los pobres parece fuera de lugar. Los principales contribuyentes tanto de la degradación ambiental y el agotamiento de los recursos son los países ricos, no los pobres".[10] Es fácil imaginar lo que habría sido la respuesta de Hardin para luego explorar su relevancia dentro de la Iniciativa Yasuní-ITT. Para llegar al núcleo de lo que dice Hardin, no es necesario mirar más allá de la primera página de "La ética del bote salvavidas" desde donde podemos empezar a crear analogías:

> Puedo oír a los liberales de los EE.UU. preguntando "¿Cómo puede usted justificar cerrar la puerta una vez que está adentro?" Usted dice que la inmigración debe mantenerse fuera, pero ¿acaso no somos todos inmigrantes o descendientes de inmigrantes? Si insistimos en quedarnos, ¿no debemos admitir a todos los demás?[11]

Al intercambiar palabras, tenemos:

> Puedo oír a los críticos del comercio en el derecho de emisiones preguntando: "¿Cómo puede usted justificar las emisiones de nivelación una vez que se ha industrializado? Usted dice que las economías emergentes deben respetar los límites. Empero, ¿no llegamos a ser desarrollados a causa de una industrialización sucia? Si insistimos en imponer límites, '¿no debemos dejar que se industrialicen en primer lugar?'"

La refutación de Hardin al liberal de los EE.UU. fue

> …la consecuencia lógica sería absurda. Supongamos que, intoxicados con un sentido de la justicia pura, decidamos entregar nuestra tierra a los indígenas.

Ya que nuestra riqueza también ha sido derivada de la tierra, ¿no estaríamos moralmente obligados a regresar eso a los indígenas también?[12]

La réplica que me imagino Hardin haría a la crítica del comercio en el derecho de emisiones es

...la consecuencia lógica sería absurda. Supongamos que, intoxicados con un sentido de la justicia pura, permitamos que la tragedia de los comunes sobrevenga. Ya que nuestra industrialización también ha perjudicado su medio ambiente, ¿no tendríamos moralmente una obligación de compensar esos daños también?

Yo no estoy estableciendo un hombre de paja. La posición de Bolivia al prepararse para la Décimo Quinta Conferencia de la Partes de la CMNUCC capta la lógica de compensación de los países en desarrollo por los daños causados fruto de la industrialización de los países desarrollados. De acuerdo con la posición boliviana:

El pasado excesivo, las emisiones actuales y las futuras emisiones propuestas por los países desarrollados están privando y privarán aún más a los países en desarrollo de una parte equitativa del muy disminuido espacio ambiental que requieren para su desarrollo y al que tienen derecho. Debido a un sobre-consumo de la limitada capacidad de la Tierra para absorber los gases de efecto invernadero, los países desarrollados han contraído una "deuda de emisiones" que debe ser reembolsada a los países en desarrollo compensándolos por la pérdida de espacio ambiental, mediante la estabilización de la temperatura y la liberación de espacio en el futuro para el crecimiento requerido por los países en vías de desarrollo...
    Los países en vías de desarrollo no están buscando dádivas económicas para resolver un problema que no causaron. Lo que reclamamos es el pago total de la deuda contraída con nosotros por los países desarrollados por amenazar la integridad del sistema climático de la Tierra, por consumir un bien común que pertenece con justicia e igualdad a todas las personas, y por mantener un estilo de vida que sigue amenazando la vida y el sustento de la mayoría pobre de la población del planeta. Esta deuda debe ser pagada por medio de la liberación de espacio ambiental para los países en vías desarrollo y en particular para las comunidades más pobres.[13]

Al igual que la posición de los "liberales de los EE.UU." en inmigración, la posición boliviana en fluctuaciones climáticas resonará con todas las personas que aprecian "la justicia pura". Siempre el aguafiestas, Hardin ofrece una alternativa a la justicia pura, que tendrá eco en aquellos que tienen la última palabra, a saber, los países que acaban pagando. El primer capítulo de "la ética del bote salvavidas" es "La justicia pura versus la realidad" y la tesis de Hardin es lo suficientemente robusta como para que ninguna sustitución de palabra sea necesaria para apreciar sus implicaciones en la Iniciativa Yasuní-ITT:

> Claramente, el concepto de justicia pura produce una regresión infinita a lo absurdo. Hace siglos, los sabios inventaron los regímenes de prescripción para justificar el rechazo de la justicia pura, en el interés de prevenir el desorden continuo. La ley defiende con recelo los derechos de propiedad, pero sólo los derechos de propiedad relativamente recientes. Trazar una línea después que un tiempo arbitrario haya transcurrido puede ser injusto, pero las alternativas son peores.[14]

Afortunadamente para las fluctuaciones climáticas, la línea no tiene por qué ser trazada arbitrariamente. No puede ser "1750",[15] como se deduce de la posición boliviana, sin "produc[ir] una regresión infinita a loabsurdo". Puede comenzar en 1990, cuando el IPCC recomendó que las emisiones se redujeran en un 60% para poder vivir dentro del umbral de un ciclo de carbono sustentable. De todos los detalles que deben concretarse en la Iniciativa Yasuní-ITT, el régimen de limitaciones es el más crítico. Sólo un puñado de países se ha acercado al objetivo del IPCC. La mayoría ha aumentado sus emisiones de CO_2e desde 1990 y la variación entre ellos implica que los pagos también deben variar.

Fácilmente fluyen preguntas sobre otros detalles. ¿Para quién debe ser dirigida la compensación? Pensar como abogado del diablo como hace Hardin puede ser útil. Si la compensación se aplica, como se puede inferir a partir de la posición boliviana, por igual "a todas las personas" y "en particular las comunidades más pobres", entonces el sistema se verá abrumado con demandas que descarrilarán en lo absurdo. Deben ser los países pobres dentro del grupo de países ricos en carbono.

Una revisión rápida a las preguntas y respuestas analizadas hasta el momento: ¿Cuándo deben empezar los reclamos? (respuesta: 1990), ¿qué países deberían pagar? (respuesta: los que superaron el 60% de reducción de los niveles de 1990, en proporción a su exceso de emisiones), y ¿cuáles deberían recibir el pago? (respuesta: los países pobres pero ricos en carbono).[16] La pregunta crítica final de detalle es la siguiente: "¿Por cuánto tiempo se deben efectuar los pagos?" Si la respuesta es indefinidamente, entonces el Norte anticipará la fatiga del donante y obstruirá.

La Iniciativa Yasuní-ITT y esfuerzos semejantes no pueden recaer sobre un grupo que para siempre se sentirá perjudicado.[17] Así que es mejor reformular la pregunta: ¿En qué momento deben los países desarrollados no seguir compensando a los países pobres pero ricos en carbono? Como se explica en el Capítulo 2, el mundo ha tenido suerte con el ejemplo de Costa Rica. En 2001, Costa Rica se negó a extraer petróleo en alta mar sin exigir ningún tipo de indemnización. Cuando los países pobres sin embargo ricos en carbono, alcancen el umbral de Costa Rica en 2001 en términos del Índice de Desarrollo Humano (IDH) de la ONU, los pagos pueden cesar.

La posición ecuatoriana ante la CMNUCC puede acomodar el esqueleto teórico de "La Tragedia de los Comunes" para la gestión de la atmósfera, así como los detalles que surgen de una lectura atenta del trabajo que realizó Hardin a lo largo de su vida. También permite el tira y afloja que inevitablemente debe ocurrir para sacar al país del cuello de botella de la economía de vaquero:

> Mitigación por parte de los países en vías de desarrollo – Medidas de mitigación apropiadas para cada país (NAMAs por sus siglas en inglés) en vías de desarrollo
> * En el marco de NAMAs, es importante tener en cuenta opciones innovadoras para los países en vías de desarrollo. Por ejemplo, para mantener bajo tierra el petróleo (sin explotar) y generar una compensación económica de magnitud similar a la que el país recibiría en caso de explotación, a través de mecanismos para definir que aprovecharán las experiencias del pasado y del presente.
> Consecuencias económicas y sociales de las medidas de respuesta
> * Los países en vías de desarrollo, cuya economía depende esencialmente de la exportación y la producción de hidrocarburos, están experimentando el impacto directo e indirecto de las medidas de respuesta de los países desarrollados. Estos países necesitan un apoyo directo para enfrentar el presente y el futuro.[18]

Las cuatro preguntas fundamentales del detalle podrían aplicarse desde el país más pequeño al más grande, que sería económicamente pobre, pero rico en carbono. En otras palabras, el modelo es robusto. Ahora viene la quinta pregunta fundamental que debe ser específica a cada uno de los países pobres, pero ricos en carbono: ¿Cuánto apoyo directo se les debe dar?

Hasta ahora, he sido un poco evasivo al proporcionar cantidades relativas a los pagos de transferencia. Esto se justifica en parte en lo que se explicó dentro del capítulo 1, referente a la naturaleza volátil de los mercados internacionales de petróleo y de carbono. La otra justificación yace en la asimetría de poder de negociación en foros internacionales, donde El Ecuador es el pequeño David que afronta no sólo un Goliat, sino un ejército del mismo. El esquema de la figura 5.1 es una heurística simple para el cálculo que aguarda tanto el refinamiento como la negociación. Aproximadamente cinco mil millones de dólares no serán provistos en nuevas infraestructuras para la extracción de petróleo en los primeros cuatro años que precedan cualquier acuerdo alcanzado a nivel internacional en relación a la Iniciativa Yasuní-ITT. Lo que importa a los intereses creados en torno a la extracción del petróleo es, contra-intuitivamente, no el petróleo que fluya, pero el flujo de inversión. En otro lugar he llamado a esto SIMTO, únicamente durante mi mandato.[19] Por lo tanto, el esquema debe competir con otras oportunidades de inversión presentes.

Unas pocas cifras pueden servir para anclar los cálculos.[20] Aproximadamente 850 millones de barriles están debajo de los campos petroleros de ITT. Los tres campos podrían ser explotados en un trazo de trece años. Esto se traduce en aproximadamente 410 millones de toneladas de CO_2 no liberadas, las cuales generarían entre \$4 mil millones a \$12 mil millones (dólares estadounidenses) en función del mercado de carbono (\$10 a \$30/ tonelada, respectivamente). Sin la Iniciativa Yasuní-ITT, el petróleo habría comenzado a fluir en el quinto año, lo cual significa que la indemnización por el CO_2 evitado también debería comenzar en el quinto año después de la celebración de un acuerdo post-Kioto. En aras de simplificar lo que se expone, se puede asumir un flujo en ese marco de tiempo que representa una renta aproximada de \$300 millones a \$900 millones por año por evitar las emisiones de CO_2. El pago de transferencia se detendría de inmediato en cuanto (1) El Ecuador subastara los campos petroleros de ITT o (2) alcanzara el IDH de Costa Rica en el año 2001. Tómese en cuenta también que los flujos financieros por las emisiones de carbono obviadas podrían extenderse más allá de los trece años, si, no lo quiera Dios, El Ecuador todavía no hubiese alcanzado el nivel de IDH que Costa Rica alcanzó en 2001. La razón es nuevamente la *realpolitik:* el petróleo seguirá estando bajo tierra y siendo tentador para los futuros gobiernos empeñados en anular los compromisos de la Iniciativa Yasuní-ITT. En otras palabras, los pagos no pueden parar hasta que se haya alcanzado un umbral mínimo de desarrollo, el cual puede ser antes del decimotercer año o quizás más adelante. No obstante, si algún futuro gobierno ecuatoriano decidiera subastar el ITT, independientemente del IDH, el pago inmediato cesaría y el gobierno se enfrentaría a las abrumadoras reclamaciones contra su petróleo exportado por quienes sean titulares de las Garantías Yasuní.

La naturaleza del dinero transferido se merece un comentario. No debemos ver los miles de millones que fluyan con el tiempo como alguna especie de ayuda externa para El Ecuador. Si lo hiciésemos, la Iniciativa sería en vano ya que el total de asistencia exterior de todos los países desarrollados a los países en vías de desarrollo es de sólo $120 mil millones.[21] La Iniciativa debe ser vista como una inversión en un proyecto piloto sobre cómo frenar a la larga la transformación climática mundial. Para utilizar la jerga económica favorecida por la CMNUCC, el pago de transferencia es "adicional" y no sustituye ningún otro compromiso de ayuda externa hacia El Ecuador o hacia cualquier otro país.

He examinado el esquema de la Iniciativa con economistas informados acerca de estos asuntos y una respuesta típica es que "suena un poco sospechoso".[22] El escepticismo es comprensible dado que la economía de la Iniciativa Yasuní-ITT corresponde

Figura 5.1 Cronograma posible de la Iniciativa Yasuní-ITT.

Año	0	1	2	3	4	5	Un momento futuro	Escenario futuro alternativo
Evento	Acuerdo					Post-Kioto 2012 reconoce el CO_2 evitado en el mercado de carbono	El Ecuador alcanza el IDH de Costa Rica 2001 y asume un tope	El Ecuador subasta los campos
Pago (EE.UU.$ millones)		1250	1250	1250	1250	300 a 900	0	Cesación de pagos; reclamos contra las garantías

a un enfoque termodinámico que, a pesar de no ser nuevo, es revolucionario para la formulación de políticas públicas (por ejemplo, ideas como puntos de bifurcación, las condiciones de contorno, y las estructuras disipativas). En el enfoque termodinámico, el descuento de los flujos futuros de beneficios es rechazado, ya que condena el planeta a una transformación climática y a la extinción masiva.[23] De la misma manera se rechaza el argumento de que el petróleo almacenado bajo tierra, será simplemente reemplazado por otros proveedores.[24] A corto plazo lo será, pero las fluctuaciones climáticas violentas y la extinción masiva ocurren a largo plazo. Mis críticos ahora pueden citar a Keynes y unirse diciendo: "a largo plazo todos estaremos muertos".[25] Mi respuesta es sencilla. Keynes se refería a los seres humanos como individuos y no a la especie *Homo sapiens sapiens*. De manera fundamental, el enfoque tampoco está subordinado al criterio de "costos marginales de reducción de emisiones", que selecciona los métodos más baratos de todo el mundo sobre fijación de dióxido de carbono, sin tener presente en absoluto las vías de vida sustentable trazables dentro de los puntos de bifurcación y los mecanismos positivos de retroalimentación. La Iniciativa Yasuní-ITT es el producto de un pensamiento "fuera de la caja", y nuevamente nos rememora el genio de Keynes, que comenzó *La teoría general* con: "Las ideas aquí desarrolladas tan laboriosamente son en extremo sencillas y deberían ser obvias. La dificultad reside no en las ideas nuevas, sino en rehuir las viejas que entran rondando hasta el último pliegue del entendimiento de quienes se han educado en ellas, como la mayoría de nosotros".[26]

Para pensar fuera de la caja, también ayuda vivir fuera de la caja. En *Una verdad incómoda*, Al Gore estremece a las grandes petroleras con una cita de Upton Sinclair: "Es difícil hacer que un hombre entienda algo cuando su salario depende de que no lo entienda".[27] A pesar de que ello es cierto acerca de las grandes petroleras, no es menos cierto lo que sucede con las ONG ambientales que afrontan las críticas de sus adversarios adinerados. En pos de verificar lo cierto de la Iniciativa Yasuní-ITT, la evaluación y selección de propuestas de proyectos debe ser realizada por expertos desinteresados para quienes no exista un beneficio personal que dependa de qué proyecto se elija. La necesidad de esa independencia es consecuente con la economía dominante. Alan S. Blinder se pronuncia a favor de las decisiones de los tecnócratas en su artículo *Foreign Affairs* (Relaciones Exteriores): "Is Government too

Political?" ("¿Es demasiado político el Estado?")[28] La evaluación de las propuestas debe ser del más alto nivel ya que la selección es un punto de bifurcación en el camino a través del cuello de botella de una economía de vaquero. Un criterio de carácter general debe aplicarse al proceso de selección. Los enumero abajo y acompaño cada criterio con una breve explicación o ejemplo.

(1) *aspectos convincentes de bien público*
Muchos proyectos de energía son atractivos porque pueden producir un alto rendimiento comercial. Sin embargo, la capacidad de ganancia socava el caso para financiamiento gubernamental. Las propuestas deben evidenciar un aspecto de bien público (sin rivalidad en el consumo y sin ningún tipo de mecanismo rentable de exclusión).

(2) *no fungible con otros proyectos de bien público*
Los gobiernos ya financian bienes públicos en diversas medidas. En los EE.UU., la Fundación Bill y Melinda Gates seleccionó proyectos que tradicionalmente eran financiados por el gobierno durante el primer y segundo mandatos de George W. Bush.[29] Esencialmente, su filantropía liberó fondos públicos para las prioridades de guerra. Las propuestas deben tener una cierta calidad que anteriormente frustraba la selección del Estado para su financiación.

(3) *plataformas para mundos diferentes que trascienden el cálculo de descontar los futuros beneficios*
Una vez que aceptemos los flujos de descuento de los futuros beneficios, bien podremos cerrar la tienda. Marglin lo pone de esta manera: "en cualquier caso alrededor de 5,75 por ciento, el valor actualizado de los beneficios es menor que el valor actual de los costos, aunque las pérdidas fueran en última instancia el 20 por ciento del producto interno bruto mundial. En resumen, en función de los criterios convencionales, el caso de incurrir en costos de estabilización de carbono es decepcionante. El único problema es que ese análisis pierde la perspectiva casi por completo".[30] Las propuestas deben ofrecer una posibilidad creíble de facilitar la creación de un mundo muy diferente, que no se desplome después de un frenesí de un siglo de consumo.

(4) *coherencia con el objetivo primordial de la estabilización de las emisiones globales de CO_2 y la mitigación de la crisis entrelazada de extinción en masa*
Lo que los economistas no pueden calcular en el análisis de costo-beneficio, tienden a ignorar, lo cual es equivalente a la asignación de un valor de cero. Ése es el tratamiento económico convencional hacia la biodiversidad. Sin embargo, la alternativa no es la de invocar la advertencia de "esto es lo mejor que podemos hacer", y calcular un número que oscila en suposiciones risibles. Más bien, hay que crear y evaluar fórmulas rentables para vivir dentro de límites. Una de las deficiencias más notorias del *Informe Stern* es su ligero reconocimiento de la extinción en masa, para posteriormente hacerle caso omiso a esta crisis provocada por la transformación climática. Las propuestas que de alguna manera mitigan la crisis de extinción deben

ser candidatas en igualdad de condición con las que reducen directamente las emisiones de CO_2.

(5) *efectos beneficiosos sobre grupos tradicionalmente desfavorecidos*
En los países pobres, pero ricos en carbono, estos grupos tienen múltiples identidades en una matriz de etnias, género, sexualidad, edad, ingresos, y geografía. Una nueva dimensión emerge como consecuencia de las fluctuaciones climáticas: las comunidades más amenazadas.

(6) *reflejo de las preferencias en el gobierno de los países colaboradores del Norte*
El dinero habla. La *realpolitik* significa que el liderazgo político del Norte tendrá que defender su decisión ante sus propios electores. ¿Qué propuestas resuenan entre esas audiencias?

Los criterios del (1) al (6) reflejan una forma de pensar que da cabida a muchos detalles, pero se detiene antes de llegar al meollo del asunto. Debido a que los detalles particulares de cada propuesta irán más allá de la especialización del panel de jueces, ellos también deben hacer uso de expertos en cada campo específico de la propuesta. Afortunadamente, no hay escasez de expertos en ideas prácticas. Por ejemplo, la editorial Earthscan se jacta de tener una lista de títulos sobre la sustentabilidad que se remonta veinte años. En el catálogo de abril a septiembre de 2009, tenemos *Conservation and Biodiversity Banking: A Guide to Setting Up and Running Biodiversity Credit Trading Systems* (Conservación y banca de biodiversidad: Una guía para el establecimiento y ejecución de los sistemas de negociación de crédito para la biodiversidad;) *Adapting Cities to Climate Change: Understanding and Addressing the Development Challenges* (Adaptando las ciudades al cambio climático: Comprendiendo y dirigiendo los desafíos del desarrollo;) *Planning for Climate Change: Strategies for Mitigation and Adaptation for Spatial Planners* (Planificación para el cambio climático: Estrategias de mitigación y de adaptación para planificadores espaciales); *Stand-Alone Solar Electric Systems: The Earthscan Expert Handbook on Planning, Design and Installation* (Sistemas eléctricos solares y autónomos: Guía experta Earthscan sobre planificación, diseño e instalación;) *Photovoltaics in the Urban Environment Lessons Learnt from Large Scale Projects* (Fotovoltaico en las clases de ambientes urbanos aprendidos de proyectos a gran escala;) etcétera. Todos los libros citados pueden ser vistos como trampolín para la colaboración internacional entre instituciones ecuatorianas interesadas y expertos internacionales.

Nada convence mejor que uno o dos ejemplos. Debajo se muestra una docena que podría ayudar al Ecuador a pasar por el cuello de botella. Algunos desafían las suposiciones tradicionales de la economía, mientras que otros se adhieren por completo al pensamiento dominante. Puesto que la no fungibilidad es el segundo criterio más importante en la media docena antes mencionada, vale la pena identificar las propuestas que desafían tabúes inculcados a los políticos desde sus primeros días traumáticos en la clase de Economía Introductoria. Aquellos que lo hacen deben ser elegidos *ceteris paribus* ("manteniendo todo lo demás constante"). Sin embargo, entre tabúes, las intensidades pueden variar. Inspirado por Hardin, el autoproclamado "acechador de tabú", situaré la intensidad del tabú en las propuestas sugeridas. Cuando de conformidad con la economía, la propuesta está representada por la palabra "tabú" tachada, es decir, ~~tabú~~ (no es un tabú). Cuando en desacuerdo con las premisas del pensamiento dominante, la propuesta está representada por los reiterados "u" en la palabra "tabú/tabúu", que van desde el simple "tabú" a un vertiginosamente exagerado "tabúuuuuuu". Este último requiere mayor explicación.

(1) *Lebensraum*(un lugar donde vivir):[31] Zonas de amortiguamiento a lo largo de las carreteras y frontera agro-forestal por sucesión natural con el aprovechamiento de animales nativos semi-domesticados (tabú).

Los directores serían pagados por su custodia de la zona y podrían participar en el desarrollo sustentable de actividades agroforestales.[32] En otra parte, he sugerido *"genesteading"* (análogo de *homesteading* que era el acta del siglo XIX de los EE.UU. para proveer lotes a colonos que los trabajarían) donde los propietarios privados de las parcelas agroforestales también se dediquen a la para-taxonomía y tengan un interés en cualquier flujo de regalías de la bioprospección en los bosques inalterados adyacentes. Aunque el potencial de la agricultura es reconocido en el *Informe Stern*, es incapacitado por el pensamiento dominante. Stern escribe sobre la reducción de emisiones de combustibles no fósiles que "los cortes serán más difíciles de alcanzar en la agricultura, la otra principal fuente de no energía".[33] El "desafío" es el tabú en la economía de cuestionar la formación de las preferencias. Sin un mercado para los productos alimenticios de la silvicultura (por ejemplo, el tapir, el carpincho, los caracoles), hay muy poco incentivo para hacerlo. Empero, las preferencias pueden ser fabricadas, como lo sabe cualquier padre cuyo hijo se queja para poder visitar a Ronald McDonald® bajo los arcos dorados. Le corresponde al gobierno promover nuevas preferencias de alimentos o resucitar las viejas que fueron respetuosas con el medio ambiente.

Así como El Ecuador debe ser remunerado por la conservación de sus hidrocarburos bajo tierra, también debe ser recompensado por evitar las emisiones causadas por la reducción de la deforestación y la degradación de los bosques (el Programa Colaborativo de las Naciones Unidas

REDD). Una vez más, Costa Rica proporciona un modelo maravilloso ya que protege aproximadamente el 25% de su hábitat natural.[34] Hasta que El Ecuador logre el IDH de Costa Rica en 2001, el gobierno debe ser compensado por un 25% de protección de su hábitat como un crédito de carbono a través del Protocolo post-Kioto. En general, la prima debe ser pagada por el porcentaje diferencial que esté por encima del nivel estándar del 25%. Los países con pocos bosques deben recibir una prima adicional por reforestación hasta que alcancen el 25% de cobertura forestal. Dichos incentivos evitarían los efectos perversos de segundo mejor, v.gr., deforestar con el fin de cobrar un crédito de carbono para la reforestación posterior o la reforestación de hábitats inadecuados.[35] Mientras que los créditos para las áreas protegidas deben ser remitidos al gobierno, las primas de los bosques en pie que estén por encima del 25% deberán remitirse a las tierras privadas adyacentes de las áreas protegidas – *Lebensraum*. Un esquema de alineación de incentivos se presenta en el ejemplo no muy hipotético de cinco países, denominados de A a E en la Figura 5.2 y 5.3. Le dejo al lector la identificación de los países de América Latina. Se supone que la deforestación ha ocurrido en tres de los países, ningún cambio en uno de ellos, y reforestación en otro del año 1 al 2.

(2) Una Ciclovía Panamericana (carriles para bicicletas), con tres ejes Norte-Sur, en el Amazonas, en la Sierra, y en la costa de Ecuador (tabú).

Los carriles para bicis que se entretejen a través de la ciudad capital de Quito no son una alternativa al transporte urbano ya que son estrechos y no suplen el tránsito necesario. Se necesitaría una carretera de bicicleta con

Figura 5.2   Alineación de incentivos para reducir la deforestación (año 1).

País	A	B	C	D	E
Masa boscosa Año 1	38%	3%	25%	25%	50%
Índice de Desarrollo Humano	Regular	Bajo	Regular	Alto	Regular
Post-Kioto Crédito de carbono por % bosque en pie	25%	3%	25%	0%	25%
Crédito de carbono fraccional por diferencia	13%	0%	0%	0%	25%
Prima de crédito de carbono por reforestación	0%	Hasta 22%	0%	0%	0%

Figura 5.3   Alineación de incentivos para reducir la deforestación (año 2).

País	A	B	C	D	E
Masa boscosa Año 2	36%	4%	24%	25%	49%
Índice de Desarrollo Humano	Regular	Bajo	Regular	Alto	Regular
Crédito de carbono para % bosque en pie	25%	4%	24%	0%	25%
Crédito de carbono por la diferencia	11%	0%	0%	0%	24%
Prima de crédito de carbono por la reforestación	0%	Hasta 21%	1%	0%	0%

la anchura para automóviles de una carretera normal de doble vía. Esto representaría un proyecto importante de obras públicas que absorbería muchos de los trabajadores desempleados y subempleados. Una vez más, lo que está en juego es la formación de preferencias. No olvidemos que la carretera Panamericana fue el resultado de una hegemonía cultural que promovía el uso de carros de la América del Norte al Sur. Una Ciclovía Panamericana, originando en El Ecuador y mirando al Norte y Sur, podría desafiar a sus vecinos a hacer lo mismo. Sin duda los efectos posibles de amplificación son inmensos.[36]

(3) Una cadena de "Eco-Tambos" (albergues y restaurantes) que se convertirían en modelos para una vida sustentable. Podrían estar separados por aproximadamente 50 km de distancia que equivale a un día de viaje "en bicicleta en la Ciclovía Panamericana" (tabú).

Los albergues serían diseñados para maximizar la integración con el entorno y también servirían como modelos de demostración para una variedad de tecnologías sustentables. Su construcción comprendería plataformas metafóricas para la eco-intuición utilizando las técnicas de alfabetización de adultos, cuyo pionero fue el notable Paulo Freire.[37] Esto sería reminiscente de los albergues estética y adecuadamente construidos en los Parques Nacionales de los EE.UU. por la WPA (Works Progress Administration – Administración de Progreso de Trabajo) durante la Gran Depresión. Los eco-tambos deberán suplir todas sus necesidades energéticas y ser estéticamente atractivos para atraer el turismo. De hecho, una cadena de estos albergues podría incluso convertirse en un eco-peregrinaje del siglo XXI, estilo Santiago de Compostela. El menú debe ser condicionado por su impacto ambiental, que significa la prohibición de insultos ecológicos como carne de res, cordero, tilapia y en vez ofrecer tapir, carpincho, y caracoles suministrados por proyectos agroforestales. Sobre todo, los albergues también podrían proporcionar un servicio que desafiase el mismo lenguaje de la economía dominante: un vehículo para el surgimiento de la comunidad a través de la gestión local.

(4) La institucionalización de un "impuesto de compensación de carbono" a la salida de vuelos internacionales de Ecuador en los cuales el pasajero opté por destinar los impuestos para un proyecto nacional o internacional de fijación de dióxido de carbono o de biodiversidad (tabú).

Debido a que los proyectos nacionales serían probablemente más caros que las oportunidades internacionales (el caso improbable de que el Ecuador siga siendo siempre el lugar más barato para compensar carbono o la conservación de la biodiversidad), la desviación muestra cooperación internacional, así como el efecto de la colaboración con Ecuador. El país de Bután ha impuesto rigor en sus turistas internacionales y con gran éxito.[38] ¿Por qué no puede hacerlo el Ecuador? Para tener éxito, el gobierno tendría que anunciar el impuesto de compensación de carbono como una señal de su compromiso con la sustentabilidad mundial. Ya que conseguir el precio justo es el mantra de la economía convencional, entonces no hay ningún tabú aquí.

(5) Un programa nacional que identifique cohortes demográficos en riesgo de embarazos inoportunos y ofrezca incentivos para retrasar la formación familiar (tabúuuuuuu).

La idea fue propuesta por Garrett Hardin en *Living within Limits* (Vivir dentro de los límites) y no fue a ninguna parte. Sin duda, las campañas de esterilización en Puerto Rico en la década de 1950 y los abortos forzados de la política china de un hijo único de la década de 1980 han estigmatizado los mecanismos de incentivos en todo el mundo. Sin embargo, se puede promover la estabilización de la población sin promover la esterilización y mucho menos el aborto. Si a las adolescentes se les pagara por no quedar embarazadas (por ejemplo, por elegir la abstinencia), entonces la población lograría estabilizarse e incluso disminuir con el tiempo. Los pagos podrían ser en dinero o en especie.

La mujer que ilícitamente termina un embarazo para retener el flujo de pagos es probablemente aún más receptiva a no quedar embarazada con el fin de mantener el flujo de pagos. Si esa afirmación plausible es cierta, el proyecto reducirá los abortos clandestinos. Se trata de una cuestión empírica que puede ser probada. No obstante, llegarán a haber anécdotas de decisiones de abortos motivados por los pagos. En ese caso, ¿debe ser culpada la política? Aquellos que responden de manera afirmativa deberían contemplar una analogía en esta época de recesión mundial. Ocasionalmente, un trabajador despedido tomará la pistola y llenará de plomo a su jefe. Los carteros del Servicio Postal de los EE.UU. llaman a este fenómeno "Going Postal" ("volverse postal" por decir "volverse loco de pirinola").[39] ¿Se debe culpar el acuerdo contractual "empleado a voluntad"? ¿Se debe otorgar permanencia a cada trabajador en cada línea de trabajo? No hay para qué invocar a Hardin para darse cuenta de cómo tal retención "produciría una regresión infinita a lo absurdo" (*reductio ad absurdum*.) Si algunos países penalizan el aborto, entonces la persona que aborta es el criminal, no la política poblacional. Sin embargo, me apresuro a añadir que dicha penalización es la epítome de la misoginia y la crueldad.

El tabúuuuuuu se transforma en ~~tabú~~, es decir, no un tabú para la economía dominante. Con las estadísticas existentes sobre registros de nacimiento se pueden trazar las áreas del país y las edades generacionales de acuerdo a la probabilidad de las mujeres que experimenten un embarazo inoportuno. Las mujeres podrían registrarse voluntariamente en las clínicas de planificación familiar y recibir un porcentaje significativo del salario mínimo, por ejemplo, 25% por cada mes que no estén embarazadas hasta que alcancen una edad determinada estadísticamente en que disminuye la probabilidad de embarazos inoportunos. Si el dinero es demasiado craso, la compensación podría ser por medio de créditos educativos, con un valor de reembolse mayor que refleje las externalidades positivas de la educación superior. A través del análisis de las probabilidades, los economistas pueden determinar cuál es el pago óptimo en cada región para reducir los embarazos inoportunos en base al dinero presupuestado para cada propuesta. Por lo tanto, una parte integral de este proyecto es una unidad de investigación interdisciplinaria compuesta por economistas, estadísticos, sociólogos, antropólogos y geógrafos.

La consecuencia imprevista de la propuesta es la promoción de "valores tradicionales". Es intencionalmente pro-mujer, pro-pobre, pro-campo al mismo tiempo que es, sin proponérselo, pro-abstinencia, anti-aborto y anti-divorcio. La Iglesia Católica sería ingenua de no aceptarla. Sin embargo, por la naturaleza misma de los tabúes ¡tal discusión puede incluso que ni tenga un comienzo! Los economistas convencionales también objetarán. La palabra "población" ni siquiera está indexada en el *Informe Stern* y sólo aparece indirectamente en distintos modelos de cambio climático. En la sección 9.5, Stern se queda totalmente mudo sobre la verdad de que la reducción de la población reducirá la demanda de bienes y servicios intensivos en carbono.[40] Sorprendentemente, los especialistas de las ciencias naturales también le están haciendo compañía a los acobardados científicos sociales. Por ejemplo, el ecólogo S. Pacala y el físico R. Socolow publicaron un artículo muy destacado en 2004 en *Science*, titulado "Stabilization wedges: Solving the climate problem for the next fifty years with current technologies" (Cuñas de estabilización: Resolviendo el problema del cambio climático para los próximos cincuenta años con tecnologías actuales").[41] Paul R. Ehrlich y Anne H. Erhlich percibieron la ausencia del factor poblacional: "Lamentablemente, este trabajo, en general comendable, omitió mencionar ´la cuña´ que podría contribuir – la reducción de la población y de la tasa de crecimiento y (finalmente) el tamaño de la población – y otro menos evidente de alentar un cambio de dieta lejos de la carne y el cerdo y hacia las aves de corral, el pescado y la cocina vegetariana".[42]

El oro de Hardin brilla. En *Vivir dentro de límites: Ecología, economía y tabúes de la población*, Hardin abre con una viñeta sobre el Día de la Tierra 1990, que marcó el vigésimo aniversario de la celebración y un aumento de la población del 47%. "Cuando se le solicitó a los directores de fundaciones filantrópicas y de intereses de empresas su apoyo financiero, hicieron saber que no verían con buenos ojos el enfoque poblacional. El dinero habla, [y] el silencio se puede comprar".[43] Afortunadamente, no todo es desesperanza en lo que respecta a la política de población. Algunos economistas están rompiendo el tabúuuuuuu. Por ejemplo, Sven Wunder, ha creado una fórmula irónica de diez puntos sobre lo que pueden hacer los gobiernos para destruir los bosques con su nuevo hallazgo de riqueza petrolera. El último punto es "Abandonar todos los programas de planificación familiar en favor de una estrategia pro-natal". Wunder escribe: "El punto 10 de las políticas de población es, probablemente, un tema polémico, pero no obstante es incluido porque es un principal 'motor lento' subyacente, especialmente en relación con la expansión de los cultivos alimentarios de terrenos extensos".[44]

(6) Un museo de la bioprospección, la propiedad intelectual, y el dominio público (¿tabú o tabú?)

La cartelización de los recursos genéticos y conocimientos asociados permitirá a los países y a las comunidades disfrutar de importantes beneficios por acceso a sus recursos genéticos y el conocimiento asociado.[45] Tales derechos limitados de monopolio se justifican en la economía dominante debido a los costos asimétricos de creación de información, o en este caso, de conservación. Por lo tanto, es tabú, v.gr., no es un tabú. Sin embargo, los economistas dan culatazos en la justificación de las rentas de monopolio y entonces la cartelización es, esquizofrénicamente, también un tabú. Para llevar a cabo la cartelización se requiere una infraestructura masiva de las bases de datos a nivel comunitario.[46]

Un museo sería el lugar ideal para hablar de cartelización, así como una serie de emergentes legislaciones *sui generis* en materia de propiedad intelectual y de protección del dominio público. Por ejemplo, ¿debe también hacerse referencia a las indicaciones geográficas de las señales de lugares transmitidos en películas comerciales? Muchas películas filmadas en Ecuador falsifican la ubicación como Colombia, otras inventan un nombre ficticio para el país (por ejemplo, *María llena eres de gracia*, y *Prueba de vida*). Los daños de la "geopiratería" aguardan el empirismo, pero parecen estar en los millones de dólares no percibidos en turismo.[47] Debido a que el Museo choca con los intereses monetarios, ya sean los de las grandes farmacéuticas o de Hollywood, la propuesta es más tabúu que tabú.

(7) Una oficina que coordine el turismo de nichos y promueva servicios en proyectos sustentables (tabú).

La diferenciación en el mercado de "servicios turísticos" tiene una trayectoria ilustre en los EE.UU. Por ejemplo, la edición de enero/febrero de 2009 de la revista SIERRA enumera 68 programas a lo largo de los EE.UU., donde en efecto uno paga una cuota para trabajar, dejando al descubierto la patraña de la dicotomía trabajo/ocio en la teoría económica.[48] Por ejemplo,

> Recuperación de Rosillos, Parque Nacional Big Bend, Texas. 28 febrero–7 marzo. ¡Únase a nosotros para nuestro 16º año de servicio en el Big Bend! Vamos a trabajar en la restauración de las praderas y otros proyectos para mejorar el hábitat y los recursos de este magnífico parque. Líder: James Moody. Valor $ 495.[49]

Estos programas podrían ser fácilmente copiados para estancias de trabajo/ocio en el Ecuador. El Parque Nacional Yasuní es también un destino potencial. El Cuaderno de Viajes del *New York Times* destaca el parque en un artículo titulado "Plumas, piel y aguas de la selva: En un gran parque nacional ecuatoriano, un visitante alucina con el avistamiento de aves y queda preocupado sobre la extracción de petróleo".[50] En primera plana aparece una foto titulada "mono ardilla en el Parque Nacional Yasuní en el Ecuador, que es también una reserva de la UNESCO". El artículo incluye fotos del Centro de Vida Silvestre de Napo administrado por una comunidad quichua, monos Tití, periquitos de alas de color de cobalto, una canoa con un niño, y una mirada interior a una de las cabañas bien equipadas. Una oficina de turismo de servicios de nicho podría personalizar itinerarios que incluyan colaboración con el medio ambiente, para todos, desde la gente acomodada ("cinco días, cuatro noches, $915 por persona basado en ocupación doble")[51] hasta los mochileros que pueden pasar meses en el país con menos de veinte dólares al día. Se observa que a pesar de la recesión que comenzó en los EE.UU. en 2007, la cantidad de turistas de EE.UU. en Ecuador se disparó en 2008, lo cual sin duda representa un signo alentador.[52]

(8) Una eco-etiqueta-y-proyecto-enlazado (¿tabú o tabú?)

El proyecto se esforzaría por eco-etiquetar todos los bienes producidos en el Ecuador y por cargar al internet los datos científicos más recientes de los impactos ambientales. A pesar de que *"getting the price right"* (internalizar los costos externos) sea el mantra fastidioso de la economía dominante, las externalidades rara vez son incorporadas al precio de un bien. Como se ha argumentado en el Capítulo 3, la internalización de las externalidades no sucede ya que el fallo del mercado es en realidad el éxito para desplazar los costos. Como se sostiene más arriba en el criterio #4, muchas cosas contravienen la monetización (la pérdida de la biodiversidad) y, por lo tanto, una internalización no es factible. Eco-etiquetar a través de eco-enlaces permite y alienta la evaluación científica por pares. Una vez que sabemos cómo podemos impactar el medio ambiente a través de opciones de consumo, conseguiremos desafiar a Hardin, que desdeñó la apelación a la conciencia.[53] Por ejemplo, en Brasil, hay todo un género de adolescentes que llevan a cabo un experimento con Coca-Cola y Mentos.[54] Una "eco-etiqueta-y-proyecto-enlazado" podría ser un poder compensatorio al estilo de Galbraith.

Sería erróneo pensar que el proyecto es anti-negocios. Por el contrario, las fábricas y las granjas ecológicas pueden promover sus productos a través de los enlaces. Por ejemplo, el exportador de camarón Expalsa tiene dos videos que explican los métodos de producción y de cómo sus métodos reducen las emisiones de CO_2.[55] Asimismo, los videos demuestran "Comercio Justo" en el café y el guineo ecuatoriano.[56] A través del proyecto, los expertos pueden validar las afirmaciones.

(9) Turismo de colapso (Tabúuuuuu).

El ecoturismo casi siempre lleva a la gente a lugares aún vírgenes. En la medida en que el tour sesgue las percepciones de los ecosistemas amenazados, ese turismo causa daño.[57] El turismo de colapso se enfoca en sitios que están viviendo dentro de límites y aquéllos que los han superado. Su valor de entretenimiento no está en la estética del lugar sino en la intriga de aprender a cómo lograr la "coerción mutua, mutuamente acordada". A través de representaciones científicamente precisas, los guías les revelarán a los turistas las cicatrices de los paisajes. En el Ecuador, los tours podrían llevar a los turistas al derretimiento de los glaciares y la morrena, a los ríos contaminados en la ciudad y los limpios del interior del país, los estanques de camarones y los manglares, la erosión de los suelos cultivados en laderas de 60 grado y de la agricultura sin labranza, los arrecifes blanqueados y sobrevivientes en las Islas Galápagos, y así sucesivamente.

Debido a que el "turismo de colapso" espera transformar valores políticos para la imposición de límites, se convierte en la quintaesencia del tabúuuuuu, sólo superada por la política de población de la propuesta (5).

(10) Emisiones fugitivas de PetroEcuador y otros lugares (~~tabú~~).

El escape de emisiones representa una gran parte de las emisiones mundiales de CO_2. Las famosas ineficiencias de PetroEcuador, de ser cierto, dan razón de esperanza. Las emisiones fugitivas pueden reducirse en gran medida dentro de la red nacional de las actividades de extracción. El reto es gastar el dinero asignado para las emisiones fugitivas en dichas emisiones fugitivas. Con ese fin serán necesarios equipos de expertos internacionales y de auditores.

(11) Becas para el Personal Docente de Universidades Regionales de el Ecuador (tabú).

La *realpolitik* es un tema que integra mi argumento. Cualquier portafolio de proyectos debe incluir algo para todos los participantes de importancia, especialmente aquéllos que tienen más que perder. La propuesta número (10) puede calmar las protestas dentro de la poderosa PetroEcuador. ¿Qué va a calmar las protestas que surjan en los países ricos? Una solución es la de respetar plenamente los derechos de propiedad intelectual de las nuevas tecnologías asociadas a todas las propuestas y favorecer la adopción de aquéllas que utilicen tecnologías patentadas de los países colaboradores, pero eso puede que no sea suficiente. Esta última sugerencia intenta alcanzar ampliamente todo el Ecuador y los países colaboradores.

Un problema perenne en los países en vías de desarrollo es la migración del campo a la capital como fue rigurosamente estudiado por Sir Arthur Lewis, el Premiado en Ciencias Económicas en Memoria de Alfred Nobel en 1979. Esto es especialmente cierto para el trabajo académico. La fuga de cerebros del campo a la capital continúa desde la capital a otros puntos en el extranjero. Una solución es crear un programa que les pague a los jóvenes universitarios una prima significativa para establecerse en universidades regionales y poner en marcha proyectos de desarrollo sustentable. Por la propia naturaleza de ser recién graduado, el profesor sin experiencia necesita el ambiente de una institución establecida. Asimismo, el proyecto debe incluir una masa crítica de profesionales extranjeros con experiencia para actividades a largo plazo en las universidades regionales, así como un acuerdo de colaboración con una universidad extranjera para las prácticas.

Existen antecedentes para promover el intercambio académico. En los EE.UU., el más notable es el Programa Fulbright el cual se ha erosionado desde su inauguración en 1948, y la erosión ofrece muchas lecciones útiles. Las Becas Fulbright ahora pueden ser por tan sólo dos semanas, y rara vez se conceden por más de cuatro meses. La cantidad claramente ha sido ajustada, pero ¿podemos decir lo mismo de la calidad? Uno sospecha que también se ha ido por la borda. Hasta abril de 2009, la beca anunciada para los profesores era de aproximadamente $2.800 al mes cuando el salario promedio de un profesor asistente oscila entre los $4.500 y $7.000 al mes, dependiendo del campo.[58] Uno no tiene que ser economista para darse cuenta de que la aceptación de una beca Fullbright es una propuesta perdedora, financieramente hablando. Trabajar en el desarrollo sustentable fuera de la capital no debe requerir un sacrificio de ningún profesor, sea ecuatoriano o extranjero. No sólo deben los salarios reflejar una prima en el mercado del país de origen, pero las plazas deben ser de varios años y no el ridículo período de varias semanas de las becas Fulbright. La evidencia de la veracidad de esta afirmación se puede encontrar en el Ecuador. El éxito impresionante del desarrollo de

Salinas de Guaranda en la provincia de Bolívar tiene mucho que ver con un compromiso multi-década de los misioneros salesianos, que comenzó en 1971.

El dinero generado por la Iniciativa Yasuní-ITT es apreciablemente cuantioso como para pagar todas y cada una de las once propuestas formuladas arriba y otras muchas más.

CONCLUSIONES

Motivos de esperanza y de desesperación

La política es un motivo de esperanza y desesperación. Al Gore es ejemplar de cómo el político puede desengañar a un público comprometido fervientemente en la negación. Eso de por sí es motivo de esperanza, pero la carrera política de Al es pretérito perfecto. ¿Qué tal los líderes de hoy? Con la ciencia a favor de la estabilización del carbono atmosférico, la generación de relevo puede imponer los límites necesarios. Los votantes, tanto en el Norte como en el Sur han expresado un fuerte deseo de "cambio en el que podemos creer".[1] La oferta de líderes, ¿estará satisfaciendo a la demanda? Desgraciadamente, en la política siempre hay motivo para la desesperación. Los jefes de estado encontrarán resistencia en el sistema que prometieron cambiar durante sus campañas; Inexorablemente, el sistema tratará de cambiar a los mismos. El primer signo de esa resistencia es una secuencia de mensajes incoherentes mientras el político hace la transición de la campaña electoral a las riendas del poder. Declaraciones de la exploración de hidrocarburos y un compromiso con la estabilización de carbono en la atmósfera llegan a ser el doblepensar que tiene asido tanto al Norte como al Sur.[2]

La gracia salvadora es el humor, el más escaso de todos los recursos.[3] Un cambio inteligente de frase puede perforar la fría indiferencia de la negación y exponer incoherencias seductoras. A mediados de 1970, el economista y erudito Nicholas Georgescu-Roegen ya había supuesto el destino de seguir la misma trayectoria como hasta ahora:

> Tal vez el destino del hombre es tener una vida corta pero ardiente, excitante y extravagante en vez de una larga existencia, sin incidentes, y vegetativa. Permitámosle a otras especies – las amebas, por ejemplo – que no tienen ambiciones espirituales heredar una tierra todavía bañada en mucho sol.[4]

E.O. Wilson no otorga a las amebas ninguna indulgencia. El humor negro se convierte en verde de acuerdo a como Wilson contempla la posibilidad de lo peor:

> incluso si toda la vida como la conocemos se extinguiera de alguna manera, estas trogloditas microscópicas [los ecosistemas microbianos de lithoauthotrophs del subsuelo] seguirían adelante. Dado el tiempo suficiente, tal vez millones de años, probablemente se desarrollarían nuevas formas capaces de colonizar la superficie y de resintetizar el mundo pre-catastrófico a cargo de la fotosíntesis.[5]

Los historiadores de la ciencia, toman nota. El fin famoso de Darwin sobre *Los orígenes de las especies* seguiría siendo pertinente, sólo sin nosotros ya que "…mientras este planeta ha ido girando según la constante ley de la gravitación, se han desarrollado y se están desarrollando, a partir de un principio tan sencillo, infinidad de formas las más bellas y portentosas".[6] En el lenguaje popular, dicha perspectiva es "el consuelo de tontos".

La posibilidad que un "cambio climático" catastrófico vaya a exterminar al *Homo sapiens sapiens* no está contemplada en *El Informe Stern*. Aunque la probabilidad es baja, no es cero y ni siquiera llega a ser noticia.[7] Carl Sagan entretuvo la posibilidad en su best-seller *Cosmos*, que fue adaptado en una popular serie de televisión en 1980. El último episodio, el número trece, se tituló "¿Quién habla en nombre de la Tierra?" Sagan comentó que "[e]l efecto invernadero descontrolado en Venus es un valioso recordatorio de que debemos tomar el aumento del efecto invernadero en la Tierra en serio".[8] Sagan elaboró más aún el punto en 1994 en *Pale Blue Dot* (El punto azul pálido):

> La historia climatológica de nuestro planeta vecino, un planeta de otra manera parecido a la Tierra en que la superficie llegó a ser lo

suficientemente caliente como para derretir estaño o plomo, vale la pena considerarla – en especial por aquellos que dicen que el aumento del efecto invernadero en la Tierra se auto-corregirá, que realmente no tenemos para qué preocuparnos de esto, o (se puede ver en las publicaciones de algunos grupos que se autodenominan conservadores) que el efecto invernadero es un "engaño".[9]

Desde 1994, la evidencia de la Agencia Espacial Europea sobre Venus demuestra cuán profético fue Sagan.[10] La actualización de simulaciones del clima en la Tierra es también inquietante. El Modelo Global de Sistemas Integrados (MIT) encontró que los pronósticos de calentamiento global se habían duplicado en 2009 en comparación con sus estimaciones anteriores del año 2003. Sin una acción masiva, la temperatura habrá subido cinco grados centígrados para el año 2100.[11] ¿Y más allá de 2100? A lo largo del recorrido de la historia humana, "seguir como hasta ahora" implica el peligro de un suicidio colectivo y el suicidio colectivo es indefendible.

Ahora, una palabra a favor del suicidio: para el individuo y la pareja, puede ser a la vez racional y ético. Uno piensa en Garrett Hardin y su esposa Jane, que unidos pusieron fin a su larga y dedicada vida juntos. El sufrimiento sin esperanza es un absurdo. Afortunadamente, el tema de escoger la muerte ya no es tabú. En los últimos diez años, un género de películas que afirman la vida ha surgido, no sólo para exaltar el suicidio, sino también el suicidio asistido (por ejemplo, *Las reglas de la vida*, *Million Dollar Baby*, *Mar adentro*.) A pesar de los méritos del suicidio individual o doble, el suicidio colectivo nunca será racional o ético. Uno piensa en Jonestown, Guyana, y la coerción utilizada para beber Kool-Aid. Con respecto a un efecto invernadero galopante... ¿acaso no podemos usar suéteres en el invierno? ¿colgar la ropa en el verano? ¿optar por tener menos hijos? ¿comer tofu?... ¿poner en práctica la Iniciativa Yasuní-ITT? Mi esperanza para la humanidad reside en el peculiar hecho de que la esperanza define a la humanidad. A nivel de grupo, adoptar límites para nuestra sobrevivencia a largo plazo es tan coherente con la naturaleza humana como la tragedia de los comunes. Por otra parte, a nivel del individuo, el hacer lo correcto engendra un sentido de propósito en un mundo aparentemente carente de significado.

La esperanza es el pan con mantequilla de los Jefes de Estado. Los maestros políticos saben que las Casandras nunca se eligen por nada, mucho menos para dirigir un gobierno. Por ende, cuando los mandarines se reúnen para definir un curso de acción para un problema mundial, la esperanza abunda. Un fotógrafo hábil puede captar el estado de ánimo en el rodaje. Después de terminar de leer esta oración, por favor, deténgase un momento y examine el retrato oficial de la Reunión del G-20 celebrada el 2 de abril de 2009 en Londres (Figura C.1).

Sagan comentó, en contradicción a la sabiduría proverbial, que una imagen vale mucho más que 1.000 palabras, sino el equivalente a 10.000 palabras o "bytes" de información.[12] La interpretación puede comprimir todos esos bytes difíciles de manejar en una narrativa coherente. Mirando la Figura C.1, uno comienza con el color. Del brillo eléctrico de los continentes en la madrugada al espacio profundo de izquierda y derecha, el color está en todos los tonos de azul. Desde las primeras fotografías de la Tierra de la misión Apolo de 1968, el color azul ha rivalizado con el verde por ser ecológico.[13] La mayoría de las corbatas también son azules al igual que el solitario turbante.[14] Por la posición de la Tierra en

Figura C.1   "Fotografía de la familia", Cumbre de Londres 2009.

Crédito: Foto: Eric Feferberg/Agence France-Presse – Getty Images.
http://www.londonsummit.gov.uk/en/

el logo, se deduce que la hora es la de un amanecer en un día de verano en el hemisferio norte. En la medida en que la cobertura de nubes ha sido borrada, la imagen implica que una crisis está en marcha para los glaciares y el *permafrost* del Ártico. Es revelador que los líderes mundiales le han dado la espalda al planeta, que a su vez se ve eclipsado por la ideología dominante: ESTABILIDAD (ilusoria), CRECIMIENTO (más ilusorio), y EMPLEO (pura política)[15] ¿Podría mi interpretación ser más lúgubre?

¿Qué tal el comportamiento de los sujetos? ¡Es jovial! El proverbial hombre de Marte nunca se imaginaría que la orden del día era una recesión en todo el mundo dirigiéndose a una depresión. Ahora hagamos un experimento inspirado en Photoshop®. Imagínense recortando a los líderes y girando al grupo 180º en el escenario mientras se mantiene el fondo fijo. En nuestra mente, los líderes ahora nos están dando la espalda, a nosotros sus electores. Están frente a la bandera de La Cumbre de Londres de 2009 y unos pocos tienen la vista enfocada en la fina capa de la atmósfera que permite el efecto invernadero, la cual en proporción no resulta más gruesa que la cáscara de una manzana. Gordon Brown (centro de la primera fila) parece asombrado, como dándose cuenta de que en conjunto se pueden definir los caminos de la vida y la muerte en la Tierra. En contraste, Luiz Inácio Lula da Silva (a la derecha) está distraído e inconsciente. ¿Quién de ellos debería hacerse cargo? Es lógico que el Jefe de Estado del país más contaminante debe ser llamado al banquillo de los acusados. Él es el hombre alto y delgado de corbata de seda roja y sonrisa ganadora (Figura C.2). Nuestro viaje por la fantasía es motivo de esperanza. La JUSTICIA, los LÍMITES, la SOBREVIVENCIA son sustitutos de la ESTABILIDAD, el CRECIMIENTO, el EMPLEO. Despiadadamente, la fantasía se invierte de nuevo a su posición original. Los motivos de desesperación son la realidad.

Barack Obama le comunica a una audiencia mundial que las tasas de desempleo difundidas en los EE.UU. ese mismo día eran las más altas en veintiséis años. Se enardece con que "muchos han perdido tanto" y se esfuma con cómo los países no reaccionaron ante una crisis similar en la década de 1930. "Hoy hemos aprendido las lecciones de la historia". A pesar de su extraordinaria habilidad como orador, el contenido del discurso fue pura economía de vaquero. El punto más bajo lo alcanzó al decir "Yo creo que hay

Figura C.2   Barack Obama, Cumbre de Londres 2009.

Crédito: Lawrence Looi/Newsteam.co.uk, Crown Copyright 2009.
http://www.flickr.com/photos/londonsummit/3409198226/

que poner fin al ciclo económico de burbuja y estallido que se ha
interpuesto en el camino del crecimiento sostenido...."[16]

Irónicamente, la búsqueda de un "crecimiento sostenido"
garantiza un "ciclo económico de burbuja y estallido". El término
"crecimiento sostenido" es un "oxímoron atronador",[17] y revela una
ignorancia sorprendente de cómo funciona el interés compuesto.
Como un aparte, también demuestra el fracaso absoluto de la
"economía ecológica" al ser una escuela de pensamiento incapaz
de penetrar en los niveles más altos del poder. La combinación de
"sostenido" con "crecimiento" confunde al público con un "desarrollo
sostenible", que es la antítesis del "crecimiento sostenido". ¿Acaso
fue la intención de Obama el engañar? Esa pregunta puede parecer
excesivamente dura para un presidente que heredó el peor desastre
en la historia de EE.UU. De hecho, las personas razonables deben
otorgarles a los jefes de estado un cierto número de indulgencias por
decir tonterías de improviso. Sin embargo, "crecimiento sostenido"
no fue dicho de improviso. Todo el escenario, incluyendo su color –
tal vez incluso las corbatas y el turbante – fueron evaluados

por expertos en relaciones públicas. Recordando el tratado del filósofo francés Jacques Ellul, la Cumbre fue inequívocamente una "operación de propaganda".[18] El G-20 quiso taladrar tres mensajes en nuestras cabezas globalizadas "ESTABILIDAD, CRECIMIENTO, EMPLEO" y el etéreo *teleprompter* se encarga de minimiza cualquier desviación del guión. En definitiva, la palabra "sostenido" unida a "crecimiento" es motivo de desesperación.

La lección suprema entre todas las "lecciones de la historia" es que el colapso se produce cuando una sociedad rebasa sus límites. Una vez más, esto no es algo nuevo. Poco después de la publicación de "La tragedia de los comunes" de Hardin en 1968, el Club de Roma les encargó a científicos de sistemas y modeladores de computadora simular las consecuencias de una Tierra que se viera rápidamente poblada y las posibilidades de que los ciclos mantuviesen una retroalimentación sustentable.[19] En 1972, Donella H. Meadows et al. publicó *Los límites del crecimiento* y sus conclusiones fueron ampliamente citadas en la bibliografía académica y la prensa popular.[20] No obstante, su mensaje central, evidente en su mismo título, fue poco asimilado en el ámbito político. Por desgracia, la ciencia seguiría siendo un huésped sin invitación en la política mundial desde mediados del decenio de 1960. Cualquier reconocimiento tardío de esta historia intelectual debe apoyar el argumento planteado por Alan S. Blinder: debemos arrancar la política pública de los funcionarios electos, para colocarla en el ámbito de la tecnocracia.

Con la adopción de la "American Clean Energy and Security Act" – Ley de Seguridad y Energía Limpia – (H.R. 2454) el 26 de junio de 2009, la recomendación de Blinder no podría estar más al corriente. A primera vista, el proyecto de ley es motivo de esperanza. En el enfrentamiento entre los poderosos grupos de presión, el cambio climático fue reconocido y el comercio en el derecho de emisiones surgió como herramienta política. Escarbando un poco más profundo, veremos que hay muchos motivos para desesperarse. La ley fue aprobada por un margen muy estrecho (219–212). Si sólo un 1% de los representantes del Congreso hubiera cambiado su postura, su aprobación habría fracasado. Sólo ocho republicanos (partido de la oposición) votaron a favor y unos cuarenta y cuatro demócratas se unieron a los 168 republicanos en contra. En pocas palabras, si los republicanos hubiesen mantenido su cruenta disciplina de partido, el proyecto de ley habría sido derrotado.

Paul Krugman resumió la psicología social de la discusión en el pleno de la Cámara de Representantes de la siguiente forma:

[U]no no vio gente que hubiera pensado mucho sobre un tema crucial, y que estuviera tratando de hacer lo correcto. Lo que se vio, en cambio, fueron personas que no mostraban ninguna señal de estar interesadas en la verdad... El representante Paul Broun de Georgia [declaró] que el cambio climático no es más que un "engaño" que ha sido "perpetrado por la comunidad científica". Yo llamaría a esto una teoría de conspiración loca, pero al hacerlo en realidad sería injusto para los teóricos de la conspiración loca. Después de todo, para creer que el calentamiento global es un engaño, uno tiene que creer en una enorme conspiración que consiste en miles de científicos – una conspiración tan poderosa que habría logrado crear registros falsos en todo desde la temperatura global hasta el hielo marino del Ártico. Sin embargo, la declaración del señor Broun fue recibida con aplausos.[21]

La noche antes de la votación, los cabilderos del *rust belt* (cinturón de óxido) añadieron una disposición que exige al presidente imponer un "ajuste fronterizo" – doble discurso para aranceles aduaneros – sobre los bienes de países que no hayan limitado sus emisiones de gases que sigan causando el efecto invernadero para el año 2020. Como una novela de suspenso, el acuerdo fue un giro inesperado y, a la vez, de forma imprevista fue motivo de esperanza. Desde la teoría del segundo mejor, también conocida como las "fugas", la disposición es una distorsión compensatoria que puede mejorar la eficiencia mundial de estabilización de carbono en la atmósfera. El año 2020 está lo suficientemente remoto para que los países pobres, pero ricos en carbono, mediante la ayuda de los pagos del Norte al Sur, puedan pasar por el cuello de botella de la economía de vaquero y aceptar los límites del comercio en el derecho de emisiones. Empero, como toda novela romántica y barata, las vueltas y revueltas siguen llegando. La razón para la desesperación viene de la oposición de Obama a la citada disposición.[22] Al ya no ser candidato a la presidencia, su oposición a los acuerdos de libre comercio con normas ambientales débiles ha desaparecido. Lo mismo ocurre con su posición en la subasta de permisos de emisión de carbono; Obama ahora apoya el otorgarlos a las grandes empresas. Sin duda los virajes fueron para asegurar el apoyo bipartidista para H.R. 2454. Como se informó en *The New York Times*, "la legislación, un mosaico de compromisos, está muy lejos de lo que muchos gobiernos europeos y los ecologistas han dicho que es necesario para evitar los peores efectos del calentamiento global".[23] De acuerdo con Orwell, Obama pregona el proyecto de ley como "un paso valiente y necesario"[24] en lugar de una media tinta pusilánime y decepcionante.

Lo que es bueno para el ganso debiera ser bueno para la gansa también. La economía de la Iniciativa Yasuní-ITT se basa en la *realpolitik* de que los países pobres, pero ricos en carbono, extraerán sus reservas de combustible si no se les paga por desistir. El atormentado texto de la "American Clean Energy and Security Act" (Ley de Seguridad y Energía Limpia) se basa en la *realpolitik* de la industria petrolera y del carbón. En una entrevista de prensa sobre el proyecto de ley, Obama dio sentido a sus contradictorias posiciones. "Creo legítimamente que la gente quiere el marco existente y que implementemos un progreso fuerte, constante, gradual, en lugar de tratar de apuntar a la luna y no poder hacer nada".[25] Esta *realpolitik* también es compartida por Al Gore, "Este proyecto de ley no resuelve todos los problemas, pero su adopción hoy significa que podemos crear un impulso para el próximo debate en el Senado y las negociaciones de las conversaciones del tratado en diciembre, que pondrá en marcha una solución global a la crisis climática. No existe un plan de respaldo".[26]

En última instancia, sea cual sea la ley que adopte el Senado estadounidense, su dinámica sugiere una analogía para terminar correctamente este libro y empezar el proceso de reflexión sobre la Iniciativa Yasuní-ITT. A un hombre se le diagnostica cáncer y el oncólogo le prescribe tratamiento. El paciente vacila y dilata el tratamiento. No es suicida, pero piensa "¿Qué sabe realmente el médico?" Durante las próximas semanas, obtiene una segunda opinión y luego una tercera opinión... todas son iguales: necesita un cóctel de quimioterapia. Mientras tanto, el cáncer se esparce. A regañadientes, el hombre comienza a tomar el medicamento, pero el orgullo se mezcla con el miedo y comienza a tomar sólo un tercio de la dosis prescrita. ¿Qué le dice el oncólogo? Eso dependerá de la personalidad del oncólogo. Uno optimista instará al paciente a que siga el régimen completo. Otro desalentado le comunicará al hombre sin pelos en la lengua "o sigue el régimen completo o no se moleste en tomar nada". El deshonesto le dirá: "esos efectos secundarios no son tan malos..."

El suicidio colectivo es la banalidad del mal y no tenemos más remedio que ser optimistas. La economía de la Iniciativa Yasuní-ITT forma parte del cóctel.

Apéndice

FILMOGRAFIA ANOTADA DE YOUTUBE

Un esfuerzo cooperativo

Janny Robles

Henry Jenkins, director del Programa de Estudios Comparados de los Medios en el Instituto de Tecnología de Massachusetts (MIT), da a conocer su visión de una metodología para una unidad académica en la cual los departamentos "Operan más como YouTube o Wikipedia, al permitir el rápido despliegue de conocimientos dispersos y la reconfiguración dinámica de los campos". Lo llama la "YouNiversity", donde "no se necesita a la facultad, sino más bien una red de intelectuales". La metodología consiste en una analogía. "Muy al estilo de cómo los estudiantes de ingeniería aprenden desarmando máquinas y rearmándolas, muchos de estos jóvenes aprendieron cómo los medios funcionan desarmando su cultura y reordenándola".[1] La filmografía de *La economía de la Iniciativa Yasuní-ITT* adopta el espíritu de la YouNiversity.

Como asistente del profesor Vogel desde 2005 – el año en que YouTube estrenó en línea – he visto de primera mano cómo el compartir videos ha reconfigurado el aprendizaje. YouTube economiza el más escaso de todos los recursos: el tiempo. Uno puede rápidamente familiarizarse con una diversidad de temas a través de clips, algunos de menos de un minuto de duración, y después traer a colación esos clips en la discusión de clase. No obstante, el rico acervo de clips YouTube plantea la más mundana de las preguntas: ¿cuáles escoger?

Como tantas preguntas en las ciencias económicas, la respuesta depende del propósito. *La economía de la Iniciativa Yasuní-ITT* tiene el propósito de persuadir a la opinión pública que los países ricos en carbono, pero económicamente pobres, deben ser compensados para que pasen a través del cuello de botella de la economía de vaquero. El entretenimiento es clave para la persuasión. En otras palabras, los clips que aparecen en esta filmografía no sólo deben enriquecer nuestra comprensión, pero a la par entretener. A propósito de los problemas que no proporcionan solución técnica – como las fluctuaciones y transformaciones climáticas – debemos incentivar el debate sobre "coerción mutua, mutuamente acordada".[2] Para ello, Vogel considera que necesitamos una escuela de pensamiento económico alterna y la escuela que sugiere no es la economía ecológica.[3] Su mirada se fija hacia las letras y recomienda la "ecocrítica", que se define como "El campo de estudio que analiza y promueve obras de arte que avivan cuestiones morales sobre las interacciones humanas con la naturaleza mientras también motiva las audiencias para vivir dentro de un límite que será vinculante sobre las generaciones".[4]

La pregunta de los clips persiste: ¿cuáles escogemos? YouTube puede abrumar rápidamente a cualquier novato y algún tipo de filtro es necesario. Vogel les ha pedido a sus estudiantes que investiguen el sitio YouTube e identifiquen los clips que mejor capturen un aspecto esencial de cada uno de los capítulos y que a continuación redacten un resumen de 100 palabras en inglés acerca del clip. En la división del trabajo, mi participación se centró en evaluar la embestida de presentaciones y, a través de un debate en grupo con árbitros, seleccionarlas. Nuestras favoritas figuran en esta lista, capítulo por capítulo, con el autor y estudiante debidamente identificados.

Aunque la tarea pareciera sencilla para nosotros, los estudiantes estaban confundidos. Necesitábamos un ejemplo. Pensando en el subtítulo *Cambio climático como si importara la termodinámica* y navegando por el sitio YouTube, rápidamente encontré *La historia de las cosas* (*The Story of Stuff*). Con un poco más de navegación, también encontré una excelente anotación que ha servido como modelo para que los estudiantes autores escribieran sus propios resúmenes:

La historia de las cosas (*The Story of Stuff*) con Anne Leonard. Fundación Tides, Grupo de Trabajo de Donantes para Producción Sustentable y Consumo y Free Range Studios (Estudios de Cine de Movimiento Libre).
http://www.youtube.com/watch?v=ykfp1WvVqAY

Desde su extracción hasta la venta, uso y disposición, todas las cosas en nuestras vidas afectan a las comunidades dentro y fuera del país, sin embargo, la mayor parte se oculta a la vista. "La historia de las cosas" es una proyección de 20 minutos, de ritmo rápido, llena de hechos acerca del aspecto inferior de nuestras pautas de producción y consumo. "La historia de las cosas" expone las conexiones entre un gran número de cuestiones ambientales y sociales, y nos llama a crear juntos un mundo más justo y sustentable. Te enseñará algo, te hará reír, y puede que te cambie para siempre la manera de ver todas las cosas en tu vida.[5]

Por The Open Vision Community
(un recurso educativo para la Nueva Era)

Prefacio: Yasuní-ITT: La Nueva Economía del Planeta Tierra

The Beginning of the Future (El principio del futuro). Fuse Films.
http://www.youtube.com/watch?v=QRlTVJjUIlU

De los pasos de la Biblioteca Butler en la Universidad de Columbia a los pasos del poder en Washington, DC, Graciela Chichilnisky, Catedrática UNESCO de Matemáticas y Economía, explica por qué el desarrollo sustentable debe pasar de la teoría a la práctica. El formato es una entrevista dirigida por una estudiante. Intercaladas se ven imágenes que ilustran la tesis general: el planeta Tierra está pasando por una "tragedia mundial de los comunes". Existen soluciones que deben empezar por la legislación y la cámara enfoca en pantalla el Congreso de los EE.UU. El clip termina con una explicación clara de la injusticia del calentamiento global y fotos inquietantes de las que el espectador no debe apartar la vista.

Por Sylvia González

Prólogo: La ética y la economía del cambio climático

Playa FOAM [Styrofoam Beach]. Haimo Ecofilms.
http://www.youtube.com/watch?v=zC9uKDPzw5A

Estamos muy lejos de la fábrica de alfileres de Adam Smith. En la playa de Puerto Rico, Joseph Henry Vogel mide la basura. Explica cómo calcular el costo de limpieza de la playa transecto por transecto. Las vistas son impresionantes. Lo que más le molesta a Vogel no son los pañales sucios, tampoco los condones desechados ¡ni siquiera las jeringuillas! Es la Styrofoam (espuma de poliestireno). El costo de recoger la minúscula espuma de poliestireno es insuperable. La solución política es prohibir el material. El clip es improvisado y nos da una visión de la mente de un economista que insiste en que la termodinámica importa.

Por Josué Sánchez-Manzanillo

Capítulo 1: La termodinámica:
La lengua escogida delimita el debate

Toxic Linfen (Linfen tóxico), *China – The World's Most Polluted City (China – La ciudad más contaminada del mundo) – Pt1.* WWW.VBS.TV
http://www.youtube.com/watch?v=c9tJNcktVWc&feature=fvst

Aunque no se menciona ni una sola vez, el video trata acerca de "escala" y "sumidero". Abastecido de carbón, China crece de forma descontrolada y la escala supera el sumidero. Linfen tiene el dudoso honor de ser la ciudad más contaminada del mundo. El "libre comercio" es el facilitador y la globalización, el motor. Pensando termodinámicamente, se entiende que "la producción" es, en última instancia, el depósito de la transformación de energía y materiales en el sumidero. Compadezcan al periodista que relata cómo el respirar ese aire en un día equivale a fumar tres paquetes de cigarrillos. Y, por favor, tomen en cuenta a la población de Linfen en su próximo viaje al centro comercial... o la cabina de votación.

Por Nora Álvarez

Oil Addiction (Adicción al petróleo). *Kenneth Cole Productions.*
http://www.youtube.com/watch?v=EOm18c5Btiw&feature=related

¿Se pueden comprimir 4,5 mil millones de años en un video de 4,5 minutos? Sí, se puede desde el punto de vista de los hidrocarburos. De los remolinos de nubes de un sistema solar infantil surge la Tierra, la vida primitiva, los dinosaurios, y finalmente la tecnología humana para acceder los detritos acumulados del pasado: taladros petroleros. El combustible se traduce rápidamente en una explosión demográfica y de todos los accesorios propulsados por los hidrocarburos. El paseo más largo de la montaña rusa involucra las crisis del 2008 (imagínense la actualización para el año 2009 ¿cómo será?). Ya no es "América, ámala o déjala", en vez el video termina con "América, ámala y arréglala".

Por Jomara A. Laboy

Capítulo 2: La tragedia de los comunes:
Una clase de problemas que no tiene solución técnica

Animation: Climate Change, Energy & Action (Animación: Cambio climático, energía & acción). WWF.ORG.BR
http://www.youtube.com/watch?v=_s9dxc_jVlY

La economía de pizarra da paso a la creatividad en una pizarra blanca. Fácil de cargar, se ve la producción y el consumo transformándose en sustentabilidad. Es aconsejable congelar algunos marcos y analizar la acción. La primera es una Tierra donde brotan todas las estructuras construidas a lo largo de la circunferencia. No existe frontera. La leyenda dice 23 mil millones de toneladas de CO_2 al año. Seis y medio millones de personas se despojan de sus mil millones de automóviles y optan por transporte público, bicicletas y andar a pie. Las fábricas contaminantes dan paso a los molinos de viento y a la recuperación de tierras. Los paneles solares están de moda y las bombillas incandescentes son sustituidas. Soluciones, tanto técnicas como no técnicas, se entremezclan maravillosamente.

Por Haniel Velez Rosario

Gas Prices, Gas Gouging, Peak Oil, Elasticity, Supply Demand (Precios de gasolina, manipulación, pico de petróleo, elasticidad, oferta demanda). Local Future Network (Futura Red Local).
http://www.youtube.com/watch?v=T7vGDwGLU7s&feature=PlayList&p=9598
583CA57C189D&playnext=1&index=40

Escuchen la monotonía e imagínense estar sentados en una clase de Economía Introductoria. Sin embargo, los gráficos explican bien el dinamismo de los cambios de las curvas de la demanda y la oferta. Si uno fuera capaz de predecir cómo ambas curvas se habrían de mover en determinados momentos, se podría hacer una fortuna en el comercio del petróleo crudo, la venta o compra de opciones, de corto o largo plazo. Empero, el menor error de cálculo significaría decirle adiós a los sueños de jubilación anticipada en la Rivera francesa. Una rareza: ¿qué significa la curva de oferta de color rojo cuándo se cruza en la zona negativa de la producción? Creo que es un error. Me atrevo a decir que la economía no es fácil aún para los economistas.

Por Miriam Lopez-Medel

Capítulo 3: La ignorancia voluntaria de la *realpolitik*: ¿Fallos del mercado o éxito en el desplazamiento de costos?

Negative Externalities (Externalidades negativas). St. Lawrence College, Athens, Grecia.
http://www.youtube.com/watch?v=S0lH4GEFy1o&feature=PlayList&p=0C1658
13BDCBAF9A&index=4

El idioma puede ser un mecanismo de exclusión. El video comienza con una definición de externalidad y sus sinónimos de economía, los costos externos o sociales. Inmediatamente, el público es canalizado a hablar en lenguaje económico. En la pizarra blanca el narrador traza la oferta y la demanda y luego agrega los costos sociales. El modelo está destinado a ser genérico, y ahí radica el problema. ¿Pueden las violentas fluctuaciones climáticas acomodarse a la economía al igual que el humo ajeno o los embotellamientos de tráfico? La "externalidad" ¿es un nombre apropiado para una centralidad? Más importante aún, ¿acaso el lenguaje priva al público de discutir los límites autoimpuestos a través de la "coerción mutua, mutuamente acordado?"

Por Gamaliel Lamboy Rodríguez

Coal: The Human Cost (El carbón: Su costo humano). Greenpeace Beijing (Pekín). http://www.youtube.com/watch?v=MwTYVhsQYw4
Incluso el "éxito para desplazar los costos" no le otorga justicia a las víctimas que pagan el precio máximo. Hemos oído de primera mano acerca de los horrores causados por el carbón utilizado como motor de las fábricas chinas. La palabra 'colapso' no es una metáfora cuando se habla de las minas. Las historias han eludido en gran medida la prensa dominante, que está integrada por un sistema de comprar, comprar, y comprar "barato" las exportaciones chinas. El traducir en lenguaje económico la muerte y destrucción como "fallo del mercado" no sólo es orwelliano, es obsceno. Tal vez la Iniciativa Yasuní-ITT servirá como un proyecto piloto que ayude a China a través de su propio cuello de botella de la economía de vaquero.

Por Marta Gisela Romero Martínez

Capítulo 4: "La teoría general del segundo mejor:" Una justificación rigurosa para una propuesta intuitivamente justa

Carbon Trading Simplified (El comercio en carbono simplificado). Brown Hat Media. http://www.youtube.com/watch?v=YfQyPl6BkP4&feature=related
La simplicidad requiere un desarrollo gradual en la explicación de cualquier sistema complejo. El comercio de carbono es desconcertante porque un público impaciente quiere llegar hasta el fondo – mercados – sin entender cada paso del camino. En una voz hermosa y meliflua, la narradora comienza con la distribución geográfica de las emisiones en todo el mundo, representadas en diagramas de barras. Ella explica que el Mecanismo de Desarrollo Limpio del Protocolo de Kioto reduce las emisiones mundiales. El comercio es ilustrado a través de algunos cálculos sencillos. Sin embargo, ausente entre los proyectos financiados a través de este tipo de comercio (imagen a las 2:06) está mantener el petróleo en el subsuelo. Por la lógica de la Iniciativa Yasuní-ITT, debería ser incluido.

Por Zulimar Lucena

Cap, Trade, Grow (Comercio en el derecho de emisiones y Crecimiento). Op-Ad Media and Planet Vox.
http://www.youtube.com/watch?v=oZauAFqd1Q8
A pesar de la exageración en contra, "el comercio en el derecho de emisiones" es conservador. La atmósfera es la más reciente aplicación de la economía de mercado. Varios comentaristas exploran la realidad de que el firmamento es una "cloaca a cielo abierto". El primero es nada menos que un General cuatro estrellas de la Fuerza Aérea de EE.UU. Incluso W. tiene una aparición estelar. Clips de Bush padre firmando la primera legislación sobre SO_2 en "comercio en el derecho de emisiones" muestra que la idea no es nada nueva. Las soluciones mostradas son todas tecnológicas. ¿Qué sucede cuando el crecimiento inunda los ahorros de carbono? De acuerdo a

la teoría del segundo mejor, el título está equivocado. Debería ser "comercio en el derecho de emisiones y gestión".

Por Gianfranco Tiralongo

Capítulo 5: A través del cuello de botella de una economía de vaquero: Financiación de proyectos ya preparados

[Channel 4 News] Population Explosion Causes Poverty (La explosión demográfica causa pobreza). NewsRevue's Channel.
http://www.youtube.com/watch?v=LFgb1BdPBZo
Algunas noticias nunca pasan de moda. La sobrepoblación es una de ellas. Nigeria es un país productor de petróleo que, no obstante, sufre de pobreza extrema. El hambre en el campo impulsa la migración a la capital, provocando que el hacinamiento en Lagos sobrepase los límites de la imaginación. Uno debe ver las imágenes para entender la tragedia. Pan-fotografías de sus mega-barrios están ancladas en las estadísticas de crecimiento poblacional. A través de los primeros planos, se ve la miseria: cloacas a cielo abierto y basura por todas partes, incluyendo desechos hospitalarios y barriles que contienen tóxicos. Una entrevista con Basi Ratza Cura, una huérfana de 11 años, no es una anécdota. La privación que ella vive la viven a diario millones en todo el mundo.

Por Jonathan Ortiz

Humans! Animation (¡Humanos! Animación). Aniboom History Channel.
http://www.youtube.com/watch?v=GKEAXOnogZU&feature=fvw
El humor negro puede ser eficaz, especialmente en los dibujos animados. Una metáfora diferente para la economía de vaquero es la sarna. La víctima es un planeta verde y sonriente. En su templo, ubicado aproximadamente por Los Ángeles, hay un punto negro inquietante. Bajo la lupa, descubrimos que la aflicción es causada por los humanos. La sarna se esparce rápidamente mientras el planeta gira. Cada nicho es colonizado y destruido. Un taladro penetra el suelo de un bosque virgen y chorros de petróleo empiezan a emanar. ¿No le recuerda algo en relación al Yasuní? En un simple segundo geológico, el planeta se tambalea y colapsa. Codo a codo, el cohete con sarna va dirigido hacia el próximo desventurado planeta.

Por Stefanie Uriarte Naranjo

Conclusiones: Motivos de esperanza y desesperación

Simulation of Cancer Growth I (Simulación del crecimiento del cancer I). Kuscsik's Channel (Canal Kuscik).
http://www.youtube.com/watch?v=xbWPTJRE4Kg&NR=1
Al igual que lo pequeño es hermoso, menos puede ser más. Despojado de sonido e incluso de color, este vídeo de 25 segundos es poderoso en su crudeza. Una célula cancerígena se divide y sigue dividiéndose hasta que

las células ocupan toda la pantalla. Y después ¿qué ocurre? Si no puede responder a esta pregunta y mucho menos percibir la metáfora, vea el vídeo otra vez hasta que la respuesta se haga evidente. ¡Ojalá que los líderes mundiales del G-20 pasaran 25 segundos viendo este clip! OK, algunos puede que tengan que verlo una y otra vez. El crecimiento sostenido es una ilusión en la búsqueda de una tragedia.

Por Dionisio Pérez

The Ecological Debt (La deuda ecológica). Resist Network. http://www.youtube.com/watch?v=xADa-bUuuOo&feature=response_watch La cámara salta un poco, pero la lógica es constante. Un periodista británico no identificado entrevista a la activista canadiense Naomi Klein. El actor mexicano Gael García Bernal escucha atentamente. El tema es la deuda de carbono. A través de estas conversaciones, la gente elaborará su propia posición respecto a lo acertado de la Iniciativa Yasuní-ITT y su potencial para el desarrollo sustentable. La Srta. Klein comenta: "Estos países están pagando un precio muy alto por emisiones que ellos no produjeron. Entonces es una nueva forma de hacer matemáticas, es una manera completamente distinta de pensar acerca de la economía". El Ecuador se ha convertido en el modelo.

Por Stefan R. Klajbor

NOTAS

Prefacio

[1] Graciela Chichilnisky, "North South Trade and the Global Environment", *American Economic Review* 84 no. 4 (1994): 851–74.

[2] Graciela Chichilnisky y Geoffrey Heal, "Who Should Abate: An International Perspective", *Economic Letters*, Spring (1994): 443–49.

[3] Ver *World Bank* Report "The State and Trends of the Carbon Market" 2006, 2007 y 2008.

[4] Graciela Chichilnisky, "The Abatement of carbon emission in industrial and developing countries" en *The Economics of Climate Change*, T. Jones, ed. (Paris: OECD, 1994), 159–70.

[5] Ver Graciela Chichilnisky y Geoffrey Heal, eds, *Environmental Markets: Equity and Efficiency* (New York: Columbia University Press, 2000); Chichilnisky op. cit.; Chichilnisky y Heal, op. cit.

[6] Graciela Chichilnisky, *Development and Global Finance: The case for an International Bank for Environmental Settlements* (New York: UNDP y UNESCO, 1976).

Introducción

[1] Oliver L. Phillips, et al., "Drought Sensitivity of the Amazon Rainforest", *Science* 323 no. 5919 (2009): 1344–1347.

[2] Nicholas Stern, *The Economics of Climate Change: The Stern Review* (New York: Cambridge, 2006), 657.

[3] Ibíd., 1.

[4] Eperanza Martínez, "Dejar el crudo en tierra en el Yasuní: un reto a la coherencia", *Revista Tendencia* 9, marzo–abril 2009, 67–72.

[5] Aunque la propuesta se conoce oficialmente como la Iniciativa Yasuní-ITT, he suprimido las siglas ITT en el título original en inglés. Las siglas traban la lengua del anglohablante y bajan la receptividad de la audiencia. La economía es una empresa retórica.

[6] El lenguaje utilizado en la Declaración de la Quinta Cumbre de las Américas en Puerto España, Trinidad y Tobago, abril de 2009. En línea: http://www. summit-americas.org/V_Summit/decl_comm_pos_en.pdf (consultado en línea el 27 de octubre de 2009).

Capítulo 1

[1] Linda Blimes y Joseph Stiglitz, *The Three Trillion Dollar War* (New York: W. W. Norton Press, 2008).

[2] Paul A. Samuelson y William D. Nordhaus, *ECONOMÍA*, 17ª ed. (Madrid: McGraw-Hill, 2005), Figura 2–1, 259.

[3] Ibíd., 36.

[4] Robert L. Heilbroner, *Vida y doctrina de los grandes economistas* (*The Worldly Philosophers*, 2da ed., publicado en 1972), 3ra ed. Traducción de Amando Lázaro Ros (Madrid: Aguilar S.A. de Ediciones, 1982), 8.

[5] Ibíd, 21–22.

[6] J. T. Houghton, G. J. Jenkins y J. J. Ephraums, eds, *Climate Change: The IPCC Assessment* (Cambridge: Cambridge University Press, 1990).

[7] Kenneth E. Boulding, *La economía futura de la Tierra como un Navío Espacial* (*The Economics of the Coming Spaceship Earth*, publicado en 1966). En línea: http://www.unida.org.ar/Bibliografia/

[8] Thomas S. Kuhn, *La estructura de las revoluciones científicas* (*The Structure of Scientific Revolutions*, publicado en 1962. Para una Guía de Estudio en línea: http://des.emory.edu/mfp/Kuhn.html). Traducción de Carlos Solís Santos (México: FCE, 2007, 2008).

[9] Garrett Hardin, "La tragedia de los communes" ("The Tragedy of the Commons", *Science* 162 (1968): 1243–1248). Traducción de Horacio Bonfil Sánchez. Gaceta Ecológica, núm. 37, Instituto Nacional de Ecología, México, 1995. En línea: http://www2.ine.gob.mx/publicaciones/gacetas/231/hardin. html (consultado el 6 de octubre de 2011); Paul R. Ehrlich, *The Population Bomb* (New York: Ballantine Books, 1968). En línea: http://dieoff.org/page95.htm (consultado el 26 de octubre de 2009).

[10] George S. Howard, "The Tragedy of Maximization", *The Ecopsychology Institute*, 1997, en línea: http://ecopsychology.athabascau.ca/1097/index. htm#politics (consultado el 26 de octubre de 2009).

[11] Los dos ejemplos son una pequeña muestra de un rico compendio titulado "Reagan Quotes: Was he really that dumb?" ("Citas de Reagan: ¿Era realmente tan tonto?") En línea: http://www.geocities.com/thereaganyears/ reaganquotes.htm (consultado el 26 de octubre de 2009).

[12] "Por cuanto más se mira a los orígenes del desastre actual, más claro resulta que la vuelta equivocada - el giro que hizo inevitable la crisis – se llevó a cabo en la década de 1980, durante los años de Reagan". Paul Krugman "Reagan Did It", *The New York Times*, primero de junio de 2009, A21.

[13] Alice Rivlin, directora fundadora de la Oficina de Presupuesto del Congreso (CBO), entrevistada en junio de 1997 por David Levy, vicepresidente de la Reserva Federal de Minneapolis, responde: "Probablemente el punto más

alto de reconocimiento de mi nombre en las calles y en los aeropuertos fue al principio de la administración Reagan. Yo era en ese momento la directora de la Oficina de Presupuesto del Congreso y declaraba en gran medida sobre el presupuesto de Reagan. Advertimos que el presupuesto de Reagan crearía déficits altos. Estábamos en lo cierto, pero en realidad no sabíamos ni la mitad del asunto. Los déficits fueron mucho peores de lo previsto por la CBO". En línea: http://www.minneapolisfed.org/publications_papers/pub_display. cfm?id=3638 (consultado el 26 de octubre de 2009).

[14] William D. Nordhaus, *Managing the Global Commons: The Economics of Climate Change* (MIT Press, 1994); William D. Nordhaus y Joseph Boyer, *Warming the World: Economic Models of Global Warming* (Cambridge, Mass: MIT Press, 2000).

[15] David Leonhardt, "A Battle over the Costs of Global Warming", *The New York Times*, 21 de febrero de 2007.

[16] Martin Luther King's "Beyond Viet Nam" ("Más allá de Viet Nam") discurso pronunciado en la iglesia Riverside el 4 de abril de 1967. En línea: http://www. americanrhetoric.com/speeches/mlkatimetobreaksilence.htm (consultado el 26 de octubre de 2009).

[17] Paul Krugman, "Same Old Party", *The New York Times*, 8 de octubre de 2007.

[18] Noruega es la excepción notable, lo cual puede tener algo que ver con que no sea miembro de la Unión Europea.

[19] Susan George, *A Fate Worse than Debt* (London: Penguin, 1988).

[20] Programa 21. Programa de las Naciones Unidas para el Medio Ambiente (Agenda 21 UN Department of Economic and Social Affairs. En línea: http://www.un.org/esa/dsd/ agenda21/) http://www.pnuma.org/deramb/ Chapter1Agenda21.php (consultado el 26 de octubre de 2009).

[21] Paul Schilpp, *Albert Einstein, Philosopher-Scientist: The Library of Living Philosophers Volume VII* (*Chicago*: Open Court, 1998), 33.

[22] Eric D. Schneider y Dorion Sagan, *Into The Cool: Energy Flow, Thermodynamics, and Life* (Chicago y London: University of Chicago Press, 2005), 138. Traducción de Iván H. Jiménez-Williams.

[23] E. F. Schumacher, *Small is Beautiful* (New York: Harper & Row, 1973), 54.

[24] Herman E. Daly, *Steady-State Economics*, 2nd ed. (Washington, D.C.: Island Press, 1991), xii.

[25] E. O. Wilson avala con mucho vigor el planteamiento de la economía ecológica y lamenta que "En la actualidad, la mayoría de los economistas, y todos sus intérpretes públicos, con excepción de los más conservadores desde el punto de vista político, reconocen muy bien que el mundo tiene límites y que la población humana no puede permitirse crecer mucho más. Saben que la humanidad está destruyendo la biodiversidad. Lo que pasa es que no les gusta pasar mucho tiempo pensando en ello". Edward Osborne Wilson, *El futuro de la vida*. (Barcelona: Galaxia Gutenberg, Círculo de Lectores, 2002), 60. Traducción de Joandomènec Ros.

[26] Nicholas Georgescu-Roegen, *La ley de la entropía y el proceso económico* (*The Entropy Law and the Economic Process*, publicado en 1971). Traducción de José Manuel Naredo y Jacques Grinevald (Madrid: Fundación Argentaria Visor, 1996).

[27] Garrett Hardin, *Living Within Limits* (New York: Oxford University Press, 1993), 60.

[28] Ibíd., 59.

[29] Hardin le da el debido crédito a Boulding, op. cit.
[30] Tal vez estoy siendo demasiado generoso. "Ya a finales del siglo 18, el pensamiento [de William Wordsworth] revela las posibles raíces de la crisis ambiental moderna". Christian Becker, Malte Faber, Kirsten Hertel, Reiner Manstetten, "Malthus vs. Wordsworth: Perspectives on humankind, nature and economy. A contribution to the history and foundations of ecological economics" *Ecological Economics* 53 (2005): 299–310, 300. Como la cita de Hamlet en el epígrafe pone de manifiesto, incluso en el siglo dieciséis, la contaminación del aire no era desconocida.
[31] Paul R. Ehrlich y Anne H. Ehrlich, *The Dominant Animal* (Washington, D.C.: Island Press, 2009), 190.
[32] El supuesto que el capital siempre puede sustituir los recursos se destaca en la crítica de la economía ecológica. Menos mencionado es el hecho termodinámico de que nada puede sustituir el sumidero.
[33] Graciela Chichilnisky y Geoffrey Heal, eds, *Environmental Markets: Equity and Efficiency* (New York: Columbia University Press, 2000).
[34] Jeff Goodell, "Capital Pollution Solution", *The New York Times Magazine*, 30 de julio de 2006.
[35] Brian R.Copeland y M. Scott Taylor, "Free Trade and Global Warming: A Trade Theory View of the Kyoto Protocol", *NBER Working Paper No. W7657*, abril de 2000.
[36] Sin embargo, una advertencia es requerida. La multitarea es generalmente un nombre inapropiada para el cambio de tarea que abarca un sinnúmero de peligros. "Bad at Multi-tasking. Blame your Brain", National Public Radio, 16 de octubre de 2008. En línea: http://www.npr.org/templates/story/story.php?storyId=95784052&ft=1&f=1021 (consultado el 26 de octubre de 2009).
[37] "Kid's Page", Pew Center on Global Climate Change. En línea: http://www.pewclimate.org/global-warming-basics/kidspage.cfm#Q3 (consultado el 12 de abril de 2009).
[38] *An Introduction to Early Greek Philosophy*, Traducción al inglés por John Mansley Robinson (Boston: Houghton Mifflin Company, 1968), Fragmento 5.15, 91 y Fragmento 5.10, 89.
[39] Eric J. Chaisson, *Cosmic Evolution: The Rise of Complexity in Nature* (Cambridge: Harvard University Press, 2001), 59.
[40] Ilya Prigogine y Isabelle Stengers, *Order Out of Chaos* (New York: Bantam Books, 1984).
[41] E. O. Wilson, *Consilience* (New York: Alfred A. Knopf, 1998), 4. *Consilience: La unidad del conocimiento* (Barcelona: Galaxia Gutenberg, Círculo de Lectores, 1999). Traducción de Joandomènec Ros.
[42] Heilbroner, op. cit., 12.

Capítulo 2

[1] Garrett Hardin, "La tragedia de los comunes" Traducción de Horacio Bonfil Sánchez. Gaceta Ecológica, núm. 37, Instituto Nacional de Ecología, México, 1995. En línea: http://www2.ine.gob.mx/publicaciones/gacetas/231/hardin.htm (consultado el 6 de octubre de 2011).

[2] Hardin utiliza las palabras "técnica" y "tecnológico" como sinónimos en "La tragedia". Se supone que la elección alterna de palabras fue para evitar monotonía en la exposición. Ya que "técnica" también puede connotar rigor en la argumentación, el lector debe tener cuidado de no equivocarse.

[3] Jeffrey D. Sachs, "Keys to Climate Protection", *Scientific American*, Abril 2008. En línea: http://www.scientificamerican.com/article.cfm?id=technological-keys-to-climate-protection-extended (consultado el 26 octubre de 2009).

[4] Ibíd.

[5] Hardin, op. cit.

[6] Sachs, op. cit., "ls_1955" a las 7:06AM el 19/06/08.

[7] Para una crítica general contra la "geo-ingeniería", visite el sitio web Erosion, Technology, Concentration (Erosión, Tecnología, Concentración). En línea en español: http://www.etcgroup.org/es/principal (consultado el 8 de ocubre de 2011). Incluso los principales medios de comunicación informan sobre estos temores bien fundados. Matthew L. Wald, "Refitted to Bury Emissions, Plant Draws Attention", *The New York Times*, 22 de septiembre de 2009, A1.

[8] Andrew Revkin, "A Shift in the Debate over Global Warming" *The New York Times*, "Week in Review", 6 de abril de 2008.

[9] Garrett Hardin, *Living Within Limits* (New York: Oxford University Press, 1993), 299.

[10] Garrett Hardin, "La tragedia de los comunes", op. cit.

[11] La lección de la Isla de Pascua (Rapa Nui) es importante. Con técnicas ingeniosas, las poblaciones ancestrales agotaron un recurso tras otro para la construcción de las aproximadamente 800 estatuas de piedra (moáis) que al final tumbaron. Jared Diamond, *Colapso: Por qué unas sociedades perduran y otras desaparecen* (Colombia: DEBOS!LLO), 2007). Traducción de Ricardo García Pérez.

[12] Blake Alcott, "Jevons' Paradox", *Ecological Economics* 54 no. 1 (julio 2005): 9–21.

[13] Anil Argawal and Sunita Narain, "The Fridge, The Greenhouse, and the Carbon Sink", *The New Internationalist* 230, abril de 1992. En línea: http://www.newint.org/issue230/fridge.htm (consultado 26 de octubre de2009).

[14] El título y el subtítulo de un artículo de primera plana de *USA Today* lo dice todo. Calum MacLeod, "China's car sales boom, reshaping a way of life: Thirst for mobility could help US automakers", 15 de junio de 2009, 1A–2A.

[15] John Vidal y David Adam, "China Overtakes US as world's biggest CO_2 emitter", 19 de junio de 2007. En línea: http://www.guardian.co.uk/environment/2007/jun/19/china.usnews (consultado el el 26 de octubre de 2009).

[16] Victoria M. Markham, "US Population, Energy, & Climate Change" (CEP 2008), 4. En línea: http://www.cepnet.org/documents/USPopulationEnergyandClimateChangeReportCEP.pdf (consultado el 26 de octubre de 2009).

[17] Depósito de Documentos de la FAO, Departamento de desarrollo sostenible, Anexo 2. Artículos 3.3 Y 3.4 del Protocolo de Kioto, http://www.fao.org/docrep/005/y2779s/y2779s0c.htm (consultado el 22 de octubre de 2011).

[18] Natural Resources Canada (Recursos Naturales Canadá). En línea: http://carbon.cfs.nrcan.gc.ca/definitions_e.html (consultado el 8 de octubre de 2011).

[19] Tal vez sensible a la falacia de equivocación, la periodista Elisabeth Rosenthal evita el lenguaje de Kioto de "sumidero de carbono" y desarrolla correctamente el concepto de "potencial de absorción de carbono" [en] "In Brazil, Paying Farmers to Let the Trees Stand", *The New York Times*, 22 de agosto de 2009, A1.

[20] Philip B. Duffy and Kenneth G. Caldeira, "Tracing the Role of Carbon Dioxide in Global Warming", *Science and Technology*, marzo 1998. En línea: https://www.llnl.gov/str/Duffy.html (consultado el 26 de octubre de 2009).

[21] Paul R. Ehrlich y Anne H. Ehrlich, *The Dominant Animal* (Washington, D.C.: Island Press, 2009), 293.

[22] Paul A. Samuelson, *Fundamentos del análisis económico* (*The Foundations of Economic Analysis*, publicado en 1947). Traducción de Uros Bacic y José Mameli Cascarini (Buenos Aires: El Ateneo.m 1957).

[23] Existen excepciones notorias. Deirdre McCloskey, *The Rhetoric of Economics*, 2da ed. (Madison: The University of Wisconsin Press, 1998).

[24] Para una definición concisa de la falacia de la equivocación, ver *Blackwell Online* (en línea): http://www.blackwellreference.com/public/tocnode?id=g9781405106795_ chunk_g97814051067957_ss1-18 (consultado el 26 de octubre de 2009).

[25] Garrett Hardin, *Diorama 2000: hacia una ética para la supervivencia humana*. (*Exploring New Ethics for Survival*, publicado en 1972). Traducción a cargo de Pilar Ángulo (México: Editorial Pax-México, 1974).

[26] Ibíd, 66–70.

[27] William Stanley Jevons, *The Coal Question* (London: MacMillan and Co., 1866). En línea: http://www.eoearth.org/article/The_Coal_Question_ (e-book) (consultado el 26 de octubre de 2009).

[28] "Más allá de toda duda razonable" es eufemismo. Tim Flannery lo relata así: "[Los informes reportes del IPCC] tienen peso con los medios de comunicación y el gobierno precisamente porque representan una opinión de consenso. Si el IPCC dice algo, es mejor creerlo – y luego permitir la posibilidad de que las cosas estén mucho peor de lo que dicen". *The Weathermakers* (New York: Grove Press, 2005), 246.

[29] *United Nations Framework Convention on Climate Change, Changes in GHG emissions from 1990 to 2004 for Annex 1 Parties*. En línea: http://unfccc.int/files/essential_background/background_publications_htmlpdf/application/pdf/ghg_table_06.pdf (consultado el 26 de octubre de 2009).

[30] *CPB, Netherlands Bureau for Economic Policy Analysis, the Netherlands*, "Decomposing Carbon Leakage: An Analysis of the Kyoto Protocol". En línea: http://www.iiasa.ac.at/Research/ECS/june99/abstracts/bollen1.pdf (consultado el 28 de octubre de 2009).

[31] Sergey V. Paltsev. "The Kyoto Protocol: Regional and Sectoral Contributions to the Carbon Leakage", *The Energy Journal* 22 no. 4. En línea: http://web.mit.edu/paltsev/www/pubs/ej2001.pdf y http://info.worldbank.org/etools/docs/voddocs/230/425/kyoto_leak.pdf (consultado el 26 de octubre de 2009).

[32] Nicholas Stern, *The Economics of Climate Change: The Stern Review* (New York: Cambridge, 2006), 618.

[33] El "en Memoria" en el "Premio en Ciencias Económicas en Memoria de Alfred Nobel", aunque incómodo, es no obstante menos que el nombre correcto "Premio del Banco de Suecia en Ciencias Económicas en Memoria de Alfred Nobel". Decir "Premio Nobel de Economía" es inducir a un error que la Fundación Nobel no utiliza en el IntraLinks de la barra superior de la ventana principal de su sitio portal. En línea: http://nobelprize.org/nobel_prizes/economics/laureates/ (consultado el 26 de octubre de 2009).

[34] Stern, op. cit.

[35] Está ausente en Paul A. Samuelson y William D. Nordhaus, *ECONOMÍA*, 17ª ed. (Madrid: McGraw-Hill, 2002).

[36] Richard G. Lipsey, "Reflections on the General Theory of Second Best on its Golden Jubilee", *International Tax and Public Finance* 14 no. 4 (agosto 2007). En línea: http://www.gmu.edu/centers/publicchoice/SummerInstitute/papers08/lipsey%20wed.pdf (consultado el 26 de octubre de 2009).

[37] Ibíd.

[38] Joseph Henry Vogel, *Genes for Sale* (New York: Oxford University Press, 1994), 101.

[39] Joseph Henry Vogel, *Privatisation as a Conservation Policy* (Melbourne: CIRCIT, 1992), 111.

[40] Hardin, "La tragedia".

[41] David Brooks, "The End of Philosophy", *The New York Times*, el 6 de abril de 2009, A29.

[42] Franz de Waals, *Primates y filósofos: La evolución de la moral del simio al hombre* (*Primates and Philosophers: How Morality Evolved*, publicado en 2006). Traducción al castellano de Vanesa Casanova Fernández (Barcelona: Ediciones Paidós Ibérica, S.A., 2007).

[43] Rafael Correa, "Yasuní depende de ti". En línea: http://www.amazoniaporlavida.org/es/Dejar-crudo-en-el-subsuelo/Antecedentes.html (consultado el 14 de septiembre de 2011).

[44] Cita de Hardin, *Situation Ethics* en "La tragedia". Tomado directamente del Instituto Nacional de Ecología. En línea: http://www2.ine.gob.mx/publicaciones/gacetas/231/hardin.html (consultado el 6 de octubre de 2011)

[45] "Los miembros del Grupo de los Ocho, o G-8, son: Canadá, Francia, Alemania, Italia, Japón, Rusia, Reino Unido, y Estados Unidos". Cumbre 2009. En línea: http://www.g8italia2009.it/G8/Home/Summit/Partecipanti/G8-G8_Layout_locale-1199882116809_PaesiG8.htm (consultado el 26 de octubre de 2009).

[46] New Economics Foundation, *Economics as if People and the Planet Matter*, Principle 3, 6. En línea: http://www.neweconomics.org/content/behavioural-economics (consultado el 26 de octubre de 2009).

[47] Vanessa Baird, "Endgame in the Amazon", *The New Internationalist*, julio 2008, 4–10.

[48] E. O. Wilson, *El Futuro de la Vida* (Barcelona: Galaxia Gutenberg, Círculo de Lectores, 2002), 54–55.

[49] PETROECUADOR, MEM 0207, presentación en PowerPoint, febrero de 2007, "Evaluación económica, producción anticipada", diapositiva 23.

[50] Mark Engler y Nadia Martinez, "Harken vs. Costa Rica: US companies employ blackmail in 'free trade' with Central America", *The Guardian* 1186, 9 de junio de 2004.

[51] Sobre la base de datos de 2000 y 2001, Costa Rica estaba en una categoría de desarrollo humano alto dentro del Índice de Desarrollo Humano (IDH), 43er ranking de 53 países. El Ecuador estaba en desarrollo humano medio, ocupando 93 de los 137 en la categoría inferior. *Informe sobre desarrollo humano 2002: Profundizar la democracia en un mundo fragmentado* (New York: PNUD, Ediciones Mundi-Prensa, 2002), 50. En línea: http://hdr.undp.org/en/media/libro_hdr_entero.pdf (consultado el 14 de septiembre de 2011).

Capítulo 3

[1] Otros incluyen: "Gran Hermano", "neo-lengua", "doble pensamiento" y sus derivados como el "pensamiento de grupo".

[2] William Lutz, "Fourteen Years of Doublespeak", *The English Journal* 77 no. 3 (marzo 1988), 40–42, 40.

[3] *The Quarterly Review of Doublespeak*, 23 de Julio de 2002. En línea: http://cboard.cprogramming.com/brief-history-cprogramming-com/22211-quarterly-review-doublespeak.html (consultado el 26 de octubre de 2009).

[4] "Bush Administration Terrorism Memos", *The New York Times*, 10 de mayo de 2005. En línea: http://documents.nytimes.com/bush-administration-terrorism-memos?scp=1&sq=bush%20terrorism%20memos&st=cse#p=1 (consultado el 26 de octubre de 2009).

[5] Nicholas Stern, *El Informe Stern: la verdad sobre el cambio climático*. Traducción de Albino Santos y Joan Vilaltella (Barcelona: Paidós, 2007), xxi.

[6] Se define como "política basada en factores prácticos y materiales en lugar de en objetivos teóricos y éticos", *Merriam-Webster*. En línea: http://www.merriam-webster.com/dictionary/realpolitik (consultado el 26 de octubre de 2009).

[7] Stern, op. cit. *The Stern Review*, 27.

[8] Ibíd.

[9] Ibíd.

[10] Karl Popper, *Conjectures and Refutations* (London: Routledge, 1963). *Conjeturas y refutaciones: el desarrollo del conocimiento científico* (Barcelona: Paidós, 1983). Traducción de Néstor Míguez.

[11] Joan Martinez-Alier and Martin O'Connor, "Distributional issues: an overview" in *Handbook of Environmental and Resource Economics*, J. van den Bergh, ed. (Cheltenham: Edward Elgar, 1999).

[12] Stern, op. cit., 27. Traducción de Iván H. Jiménez Williams.

[13] Joan Martínez-Alier, letter to the editor, *The Economist*, 28 de junio de 2007. En línea: http://www.sosyasuni.org/en/News/Response-letter-to-the-Economist.html (consultado el 26 de octubre de 2009).

[14] John Kenneth Galbraith, *American Capitalism: The Concept of Countervailing Power* (Boston: Houghton Mifflin, 1952). *El capitalismo americano: el concepto*

del poder compensador (Barcelona: Ediciones Ariel, 1972). Traducción de J. Berenguer Amenós. Enlace WORLDCAT: http://www.wmorldcat.org/ title/capitalismo-americano-el-concepto-del-podercompensador/oclc/ 55645762&referer=brief_ results

[15] Marc Bousquet, *How the University Works: Higher Education and the Low Wage Nation* (New York: New York University Press, 2008); Frank Donoghue, *The Last Professors: The Corporate University and the Fate of the Humanities* (New York: Fordham University Press, 2008).

[16] Paul Krugman, "Crony Capitalism, USA". *The New York Times*, 15 de enero de 2002 y "Harry, Louise, and Barack", *The New York Times*, 11 de mayo de 2009.

[17] Jared Diamond, *Armas, gérmenes y acero* (Madrid: Debate Editorial, 2006), ver Capítulo 14, "Del igualitarismo a las cleptocracias.

[18] Robert L. Heilbroner, *Vida y doctrina de los grandes economistas*. Traducción de Amazno Lázaro Ros (Madrid: Aguilar, 1983), 278–315.

[19] Uno piensa en Stephen J. Gould, Carl Sagan, e inclusive en Jared Diamond.

[20] Al Gore, *An Inconvenient Truth: The Planetary Emergency of Global Warming and What We Can Do About* (New York: Rodale, 2006). *Una verdad incómoda* (Barcelona: Editorial Gedisa S.A., 2007). Traducción de Rafael González del Solar.

[21] Ibíd., 10.

[22] Gore muestra en azul los 132 países que han ratificado y luego los dos que no han ratificado en rojo, es decir., Australia y los Estados Unidos, ibíd., 282–283.

[23] Gore califica las estadísticas un poco para demostrar que están basadas en grandes muestras aleatorias, Ibíd, 262–263.

[24] Ibíd, 264.

[25] Ibíd, 266–267.

[26] Stern, op. cit., *The Stern Review* 605.

[27] Gore, op. cit., 165–167.

[28] Lisa Mintz Messinger, *Georgia O'Keefe* (London: Thames & Hudson, 1991), 45.

[29] Gore, op. cit., 9.

[30] Garrett Hardin, "The Tragedy of the Commons", *Science* 162 (1968): 1243–1248. "La tragedia de los comunes". Traducción de Horacio Bonfil Sánchez. Gaceta Ecológica, núm. 37, Instituto Nacional de Ecología, México, 1995. En línea: http://www2.ine.gob.mx/publicaciones/gacetas/231/hardin.htm (consultado el 6 de octubre de 2011).

[31] Ibíd.

[32] Gore, op. cit. 263 foldout.

[33] Carl Sagan, *The Demon Haunted World: Science as a Candle in the Dark* (New York: Random House, 1995), 217. *El mundo y sus demonios: La ciencia como una luz en la oscuridad*. (Barcelona: Editorial Planeta, 2000), 209. Traducción de Dolors Üdina. En línea: http://www.polvoestelar.com.mx/babilonia/ Libros/Carl%20Sagan/Carl%20Sagan%20-%20El%20Mundo%20y%20 sus%20Demonios.pdf

[34] "Free to Choose TV Series by Milton Friedman". En línea: http:// miltonfriedman.blogspot.com/ (consultado el 2 de noviembre de 2009).

[35] Hardin, op. cit.

[36] J. S. Hacker, *The Great Risk Shift: The New Insecurity and the Decline of the American Dream* (New York: Oxford University Press, 2006); Carmen DeNavas-Wait, Bernadette D. Proctor, y Jessica C. Smith, *Income, Poverty, and Health Insurance Coverage in the United States: 2008* (Washington, D.C.: US Census Bureau, September 2009). En línea: http://www.census.gov/prod/2009pubs/p60-236.pdf (consultado el 26 de octubre de 2009).

[37] "Tent Cities". En línea: http://www.youtube.com/watch?v=HVwG01-bogE (26 de octubre de 2009).

[38] Sadomasoquistas no obstante, la ética de la regla parece inviolable. Luke 6:31, Nueva Versión Internacional. Sin duda la Iniciativa Yasuní-ITT la viola al reconocer la *realpolitik* de ojo por ojo.

[39] Hardin, op. cit.

[40] Susan George, "Transforming the Global Economy: Solutions for a Sustainable World", *The Schumacher Lecture*, 6 de octubre de 2008. En línea: http://www.tni.org/en/events/transforming-global-economy-solutions-sustainable-world (consultado el 26 de octubre de 2009).

[41] Jeffrey D. Sachs, "Keys to Climate Protection", *Scientific American (La América Científica)*, abril 2008. En línea: http://www.scientificamerican.com/article.cfm?id=technological-keys-to-climate-protection-extended (consultado el 26 de octubre de 2009); Paul Krugman, "It's Easy Being Green", *The New York Times*, 24 de septiembre de 2009, A29.

[42] US Census Bureau, 2006, *Income, Poverty, and Health Insurance Coverage in the United States: 2005*, 40. En línea: http://www.census.gov/prod/2006pubs/p60-231.pdf (consultado el 26 de octubre de 2009).

[43] Editorial, "The Forgotten Rich", *The New York Times*, 2 de abril de 2009.

[44] Si una reducción del 10% de 45 a 35% rinde $ 250 mil millones, entonces un aumento de 45 a 100% daría $1,375 billón.

[45] Citado en una paráfrasis por Richard O'Connor, *The Oil Barons: Men of Greed and Grandeur* (Boston: Little, Brown, 1971), 47. Cita original en francés "Le secret des grandes fortunes sans cause apparente est un crime oublié, parce qu'il a été proprement fait", *Le Père Goriot* (1835), Part II. En línea: http://fr.wikisource.org/wiki/Le_P%C3%A8re_Goriot_-_II._L%27entr%C3%A9e_dans_le_monde (consultado el 26 de octubre de 2009).

[46] Keith Obermann, "Leona Helmsley shows her love for Trouble", Anchor, "Countdown", MSNBC, actualizado 6:09PM CT, 29 de agosto de 2007. En línea: http://www.msnbc.msn.com/id/20501749/ (consultado el 26 de octubre de 2009).

[47] Thomas Mann, *Los Buddenbrook* (Barcelona: Edhasa, 1997). Traducción de Francisco Payarols.

Capítulo 4

[1] "Prize in Economics: Robert W. Fogel and Douglass C. North". En línea: http://nobelprize.org/nobel_prizes/economics/laureates/1993/index.html (consultado el 26 de octubre de 2009).

[2] Para una excelente sinopsis en línea, completa con gráficos: http://www.sjsu. edu/faculty/watkins/fogel.htm (consultado el 26 de octubre de 2009).

[3] Robert William Fogel y Stanley L. Engerman, *Time on the Cross: The Economics of American Negro Slavery* (Lanham, MD: University Press of America, 1974), 261. *Tiempo en la cruz: la economía esclavista en los Estados Unidos* (Madrid: Siglo XXI de España Editores, D. L., 1981). Traducción al castellano de Arturo R. Firpo.

[4] Adam Smith, *Investigación de la naturaleza y causas de la riqueza de las naciones*, Tomo 1, (Valladolid: Oficina de la Viuda e Hijos de Santander, 1794), 23. Traducción de Josef Alonso Ortiz. En línea: http://books.google.com/books? id=d9ZeDKzUZLwC&printsec=frontcover&source=gbs_ge_summary_r&ca d=0#v=onepage&q&f=false (consultado el 29 de septiembre de 2011).

[5] Las comillas son necesarias para evitar un doble discurso. Bajo la ley natural, los dueños de esclavos eran en realidad ladrones.

[6] Frederick Douglass le otorga crédito a su amo, el señor Auld, por palabras que tenían un efecto involuntario que "no era ni leve ni transitorio. Sus frases de hierro se hundieron profundamente en mi corazón, y despertaron no sólo mis sentimientos en una especie de rebelión, pero despertaron en mí una tracción adormecida del pensamiento vital... 'el conocimiento inhabilita a un niño para ser un esclavo'". *Autobiographies: Narrative of the Life; My Bondage and My Freedom; Life and Times*, Henry Louis Gates, Jr, ed. (New York: Library of America, 1994), 118.

[7] Claude F. Oubre, *Forty Acres and a Mule: The Freedmen's Bureau and Black Land Ownership* (Baton Rouge, LA: Louisiana State University Press, 1978); Eric Foner, *A Short History of Reconstruction, 1863–1877* (New York: Harper & Row, 1990).

[8] Eric Foner, "What Will History Say? He's the Worst Ever" The Washington Post, 3 December 2006. En línea: http://www.washingtonpost.com/wp-dyn/content/article/2006/12/01/AR2006120101509.html (consultado el 27 de octubre de 2009).

[9] William Faulkner, *Réquiem para una mujer* (Buenos Aires: Emecé Editores, 1952). Traducción por Jorge Zalamea, 79. Traducido de: *Requiem for a Nun* (New York: Random House, 1951), 92. En el discurso de campaña presidencial de EE.UU. "Una unión más perfecta", Barack Obama, no sólo citó incorrectamente, pero embelleció al decir: "Como William Faulkner escribió una vez: 'El pasado no está muerto y enterrado. De hecho, ni siquiera es pasado'". *The Wall Street Journal*, 18 de marzo de 2008. En línea: http:// blogs.wsj.com/washwire/2008/03/18/text-of-obamas-speech-a-more-perfect-union/ (consultado el 26 de octubre de 2009).

[10] James McPherson, *Battle Cry of Freedom: The Civil War Era* (New York: Oxford University Press, 1988).

[11] James Hansen, "The Enemy of the Human Race", *SIERRA*, May/June 2009, 41.

[12] Ninguna analogía es perfecta. Delaware fue un estado esclavista, pero no parte de la Confederación y Proclamación de Emancipación de Lincoln del primero de enero de 1863 que no era aplicable a los estados fronterizos esclavistas. La esclavitud terminó en los EE.UU. con la ratificación de la Decimotercera Enmienda, el 18 de diciembre de 1865.

[13] Se les llama "renuncias voluntarias", que nos lleva a preguntarnos acerca de la inferencia orwelliano, v.gr. "renuncias involuntarias" o más orwelliana aún "renuncias forzosas".

[14] Richard G. Lipsey, "Reflections on the General Theory of Second Best on its Golden Jubilee", *International Tax and Public Finance* 14 no. 4 (agosto 2007). En línea: http://www.gmu.edu/centers/publicchoice/SummerInstitute/papers08/lipsey%20wed.pdf (consultado el 26 de octubre de 2009).

[15] "Age Discrimination" ("Discriminación por Edad"), *The Free Dictionary*. En línea: http://legal-dictionary.thefreedictionary.com/Age+Discrimination (consultado el 26 de octubre de 2009).

[16] Uno sospecha que muchos no se jubilarán a medida que la distinción entre trabajo y ocio se vuelva menos evidente en la profesión académica. En el elocuentemente argumentado *The Last Professor* (*El último profesor*), Frank Donoghue, expresa un sentimiento general de que él "tiene la intención de jamás jubilarse..." (New York: Fordham University Press, 2009), xix. El golpe de gracia es que muchos profesores cercanos a la jubilación de la generación del *baby boom* han descubierto que el valor de sus aportaciones se ha reducido drásticamente a raíz del colapso financiero que se inició en septiembre de 2008. Según lo informado por David W. Breneman, profesor de economía de la educación en la Universidad de Virginia, "También se podría especular, si una severa recesión se llegara a producir... miembros de la facultad a punto de jubilarse podrían decidir seguir enseñando por más años de los que habían pensado, aumentando de esa forma la carga financiera de sus instituciones", "Commentary: What Colleges Can Learn from Recessions Past", *The Chronicle of Higher Education*, 10 de octubre de 2008, A112; Sierra Millman, "AAUP Study Examines Faculty Retirement", *The Chronicle of Higher Education*, 23 de marzo de 2007, A10.

Con rigideces de precios del tipo keynesiano (otra distorsión), los salarios de los docentes no son ajustados hacia abajo. En la medida en que los catedráticos con permanencia tienden a estar en la parte superior de la escala salarial, las aperturas de plazas de trabajo constriñen en los presupuestos universitarios. El Año Académico 2008–2009 ha sido el peor mercado laboral en casi todos los ámbitos académicos. Recién doctorados, post-doctorados, y post-post-doctorados están efectivamente excluidos de carreras con permanencia académica. ¿Es esto eficaz? ¿Justo? La teoría del segundo mejor contestaría mejor en negativo.

[17] Paul A. Samuelson y William D. Nordhaus, *ECONOMÍA*, 17ª ed. (Madrid: McGraw-Hill, 2002), 160.

[18] Nicholas Dawidoff, "The Civil Heretic", *The New York Times Magazine*, 29 de marzo de 2009, 32. En línea: http://www.nytimes.com/2009/03/29/magazine/29Dyson-t.html?_r=1&scp=1&sq=dyson%20climate%20change%20magazine&st=cse (consultado el 2 de noviembre de 2009).

[19] Garrett Hardin, "La tragedia de los communes" Traducción de Horacio Bonfil Sánchez. Gaceta Ecológica, núm. 37, Instituto Nacional de Ecología, México, 1995. En línea: http://www2.ine.gob.mx/publicaciones/gacetas/231/hardin.htm (consultado el 6 de octubre de 2011).

[20] Aida Arteaga. "El insólito del Mecanismo de Desarrollo Limpio", tesis de la Maestría en Estudios Socioambientales, FLACSO-Ecuador, mayo de 2002.

[21] Robert William Fogel y Stanley L. Engerman, *Time on the Cross: Evidence and Methods – A Supplement*. (Boston: Little, Brown and Co., 1974), 8.

[22] Fogel y Engerman, op. cit., 11.

[23] Irónicamente, una de las críticas más contundentes contra *Time on the Cross* (*Tiempo en la cruz*) es que Fogel y Engerman cometieron el error de una muestra pequeña, basándose en las estadísticas elaboradas a partir de una sola plantación. Herbert G. Gutman, *Slavery and the Numbers Game: A Critique of* Time on the Cross (Champaign, Ill.: University of Illinois Press, 2003).

[24] Peter Monaghan, "Taking on 'Rational Man': Dissident Economists Fight for a Niche in the Discipline", *The Chronicle of Higher Education*, 24 de enero de 2003.

[25] En la Audiencia Inaugural del Tribunal Internacional de Justicia Climática celebrado en Cochabamba, Bolivia, del 13 al 14 de octubre de 2009, seis de los ocho miembros del jurado no sabían el significado económico de "fallo de mercado", uno de los cuales era de otra manera bien fundamentado en la literatura científica del cambio climático. Aunque consciente del *Informe Stern*, fallo de mercado no penetró en la conciencia de aquel miembro del jurado. No pude convencer a mis compañeros del jurado que incorporaran en la resolución definitiva la referencia de que "fallo de mercado" se traduce en "éxito para desplazar los costos". Del mismo modo, no los pude convencer en distinguir entre un mercado de carbono que finanza "falsas soluciones" (su término para las fugas o el segundo mejor) y otro que permite beneficios del comercio, tal es la torpeza de la economía o mi falta de efectividad como profesor.

[26] Nicholas Stern, *The Economics of Climate Change: The Stern Review* (New York: Cambridge, 2006), 52 y 185, respectivamente.

[27] E. O. Wilson, "Introduction: Life is a Narrative" en *The Best American Science and Nature Writing 2001*, E. O. Wilson y Burkhard Bilger, eds (New York: Houghton Mifflin Company, 2001), xii–xx, xviii.

[28] Richard Dawkins de esa forma identifica la falacia de las "pruebas" de la existencia de Dios. *El espejismo de Dios* (Madrid: Editorial Espasa Calpe, S.A.: 2007), 95. Traducción del inglés de Regina Hernández Weigand.

[29] Benjamin S. Bloom, *Taxonomy of Educational Objectives, Handbook I: The Cognitive Domain* (New York: David McKay Co. Inc., 1956). *Taxonomía de los objetivos de la educación: la clasificación de las metas educacionales: manuales I y II* (Buenos Aires: El Ateneo, 1990). Prólogo a la edición castellana por el Prof. Antonio F. Salonia. Traducción de Marcelo Pérez Rivas.

[30] Se trata de una conclusión con la cual la mayoría de los maestros eventualmente se tropiezan. El Premio Nobel de Física Richard P. Feynman comentó que bajo una beca Fulbright en Brasil "por fin se dio cuenta de que los estudiantes habían memorizado todo, pero no sabían lo que significaba nada de eso. Cuando escucharon 'la luz que es reflejada por un medio con un índice,' no sabían que significaba una materia *como el agua*" [cursivas en el original], *Surely You're Joking, Mr. Feynman!* (New York: W. W. Norton, 1985), 212.

[31] Jerome Barkow, Leda Cosmides y John Tooby, *The Adapted Mind* (New York: Oxford University Press, 1992).

[32] Garrett Hardin, *Living Within Limits* (New York: Oxford University Press, 1993), 15.

[33] Dawidoff, op. cit.

[34] Jacques Ellul, *Propaganda: The Formation of Men's Attitudes*. Traducción del francés de Konrad Kellen y Jean Lerner (New York: Vintage Books, 1965), 124–26.

Capítulo 5

[1] En economía, se puede volver a Adam Smith y comparar su época con la de Hobbes. Stephen A. Marglin, *The Dismal Science: How Thinking Like an Economist Undermines Community* (Cambridge, Mass.: Harvard University Press, 2008), 64.

[2] Stephen A. Marglin, "Why Economists are Part of the Problem", *The Chronicle of Higher Education*, 27 de febrero de 2009. La estadística habitual para los EE.UU. es un cuarto, pero, como Marglin argumenta, se debe considerar que el 25% de la fuerza laboral fue en el sector agrícola, donde los precios tocaron fondo, efectivamente poniéndolos bajo una pobreza equivalente al desempleo.

[3] John Maynard Keynes, *The General Theory of Employment, Interest and Money* (London: MacMillan. 1936). *Teoría general de la ocupación, el interés y el dinero* (México: Fondo de cultura económica, 1951 (impresión 1956)). Versión española de Eduardo Hornedo.

[4] Nicholas Stern, *The Economics of Climate Change: The Stern Review.* (New York: Cambridge, 2006), xv.

[5] Ibíd., 27.

[6] Uso la metáfora en el sentido en que E. O. Wilson la usa en su capítulo "The Bottleneck" ("El cuello de botella"), *The Future of Life* (New York: Vintage Books, 2002), 22.

[7] Stern, op. cit., 512.

[8] Mientras preparo el manuscrito final, el Comité para el Premio en Ciencias Económicas en Memoria de Alfred Nobel anuncia Elinor Ostrom como ganadora del Premio 2009 "por su análisis de la gobernanza económica, especialmente los bienes comunes". La crítica de "La tragedia de los comunes" de Hardin ha sido el trampolín de gran parte de su análisis. Hardin nunca ganó el Premio en Ciencias Económicas en Memoría de Alfred Nobel. En línea: http://nobelprize.org/nobel_prizes/economics/laureates/2009/ (consultado el 26 de octubre de 2009).

[9] Garrett Hardin, "Lifeboat Ethics: the Case Against Helping the Poor", *Psychology Today*, September 1974. En línea: http://www.garretthardinsociety. org/articles/art_lifeboat_ethics_case_against_helping_poor.html (consultado el 26 de octubre de 2009).

[10] Marglin, *The Dismal Science*, 50.

[11] Hardin, op. cit.

[12] Ibíd.

[13] Gobierno de Bolivia, "Paper No. 8 Commitments for Annex I Parties under paragraph 1(b)(i) of the Bali Action Plan: Evaluating developed countries' historical climate debt to developing countries", abril de 2009, 46–47.

[14] Hardin, op. cit.

[15] "Desde 1750 las emisiones de gases de efecto invernadero han incrementado significativamente como resultado de las actividades humanas". Gobierno de Bolivia, op. cit., 46.

[16] El asunto de daños a los países económicamente pobres y también pobres en carbono requiere de un Tribunal Internacional de Justicia Climática.

[17] Esfuerzos similares son de la ONU-REDD (Programa Colaborativo de las Naciones Unidas para la Reducción de Emisiones de la Deforestación y la Degradación de Bosques). FAO, PNUD, UNEP Framework Document (Documento Marco) junio 2008. *Reduction of Emissions through Deforestation and Degradation*. En línea: http://www.undp.org/mdtf/UN-REDD/overview. shtml (consultado el 27 de octubre de 2009).

[18] Grupo de Trabajo Especial para la Acción Cooperativa a largo plazo bajo la Convención de Cumplimiento del Plan de Acción de Bali y los componentes de los resultados convenidos, Documento No. 16. Ecuador. Quito, abril de 2009.

[19] Es análogo con NIMTO (NDMM – no durante mi mandato) que es un derivado de NIMBY (NEMPT – no-en-mi-patio trasero). Joseph Henry Vogel, "Profundizando en los incentivos financieros y de otra índole del RMFIRG: El Cártel de la Biodiversidad", 51–79 en *Un blanco en movimiento: recursos genéticos y opciones para rastrear y monitorear sus flujos internacionales*, editado por Manuel Ruiz Muller y Isabel Lapeña, (Bonn, Alemania: IUCN, 2009), En línea: http://cmsdata.iucn.org/downloads/eplp_67_3_sp.pdf (consultado el 26 de octubre de 2009).

[20] Matt Finer, Remi Monce, y Clinton Jenkins, "Leaving the Oil Under the Amazon: Ecuador's Yasuní-ITT Initiative", *Biotropica*, 26 de octubre de 2009. En línea: http://www3.interscience.wiley.com/journal/122664071/ abstract?CRETRY=1&SRETRY=0 (consultado el 28 de octubre de 2009).

[21] Editorial, "Presentable Deaths", *The New York Times*, 30 de mayo, 2009, A18 o Rizvi, Haider, "Finance: Aid Loss Prompting Development Emergency", *Inter Press Service News Agency*, 17 de septiembre de 2009. En línea: http://www. ipsnews.net/news.asp?idnews=48477 (consultado el 26 de octubre de 2009).

[22] Peter May, mensaje al autor por correo-e, 28 de mayo de 2009.

[23] El descuento es un golpe mortal para las especies en hábitats amenazados. David Ehrenfeld, "Why Put a Value on Biodiversity?" en *Biodiversity*, E. O. Wilson y Frances M. Peter, eds (Washington, D.C.: National Academy Press, 1988), 213.

[24] Esta conclusión se alcanza rápidamente con un buen dominio de un curso de Economía Introductoria. Sven Wunder, "How Do We Deal With Leakage?" en *Moving Ahead with REDD: Issues, Options, and Implications*, Arild Angelsen, ed. (Bogor, Indonesia: CIFOR, 2008), 65–76.

[25] John Maynard Keynes, *A Tract on Monetary Reform* (London: MacMillan, 1924), 80. *Breve tratado sobre la reforma monetaria* (México: FCE, 1992). Traducción de Carlos Rodríguez Braun.

[26] Keynes, "Prefacio" en *Teoría general de la ocupación, el interés y el dinero* (México, D.F.: Fondo de Cultura Económica, 2003), 19. Traducción de la introducción general, introducción editorial y prefacios a las ediciones alemana, japonesa y francesa: Juan Carlos Moreno-Brid y Rafael Márquez Arias.

[27] Upton Sinclair, citado en Al Gore, *An Inconvenient Truth: The Planetary Emergency of Global Warming and What We Can Do About It* (New York: Rodale, 2006), 266–267. *Una verdad incómoda* (Barcelona: Editorial Gedisa S.A., 2007), 266–267. Traducción de Rafael González del Solar.

[28] Alan S. Blinder, "Is Government too Political?" *Foreign Affairs*, noviembre/ diciembre de 1997, 115–126.

[29] Global Health and Global Development Programs and Partnerships of The Bill and Melinda Gates Foundation (Programas Mundiales de Salud, de Desarrollo y Cooperación de la Fundación Bill y Melinda Gates). En línea: http://www.gatesfoundation.org/global-development/Pages/overview. aspx (consultado el 26 de octubre de 2009).

[30] Marglin, "Why Economists are Part of the Problem", op. cit.

[31] A menos que sea en el contexto de una denuncia, el "espacio vital" ("*lebensraum*") es un tema tabú, aunque su segundo significado puede tener por objeto: "el espacio necesario para la vida, el crecimiento o la actividad". En línea: http://www.merriam-webster.com/dictionary/lebensraum (consultado el 26 de octubre de 2009).

[32] Esto no es lo mismo que el mal llamado "Pago por Servicios Ambientales" (PSA). La mayoría de los programas de PSA carecen de titularidad, o sea, ¡la gente cobra por cosas que no les pertenecen! Sin embargo, se puede pagar por la protección de servicios ambientales. Ver Joseph Henry Vogel, "¿Mercados o Metáforas? Pagos por Servicios Ambientales en Pimampiro, Ecuador. Estudio de un caso en el Ecuador" en *Valoración económica, ecológica y ambiental. Análisis de casos en Iberoamérica*, Rosi Ulate y Jesús Cisneros, eds (Heredia, Costa Rica: Editorial Universidad Nacional EUNA, 2007), 521–566. Ejemplos de pago por la protección de servicios ambientales existen en el Ecuador, consulte *Restoring Natural Capital RNC Alliance*. En línea: http://www.rncalliance.org/ epages/rncalliance.sf/?ObjectPath=/Shops/rncalliance (consultado el 26 de octubre de 2009).

[33] Stern, *The Stern Review*, op. cit., 238.

[34] Aunque desde mediados de 1970 el gobierno de Costa Rica se comprometió a preservar el 25% de su hábitat natural, el sistema no llegó a estar completamente protegido de hecho hasta la creación del Sistema Nacional de Áreas de Conservación (SINAC) en 1998, de tal forma que la categoría IDH para REDD es la misma que para la Iniciativa Yasuní, v.gr., Categoría de Desarrollo Humano Alto. En línea: http://www.costarica-nationalparks. com/ (consultado el 26 de octubre de 2009).

[35] World Rainforest Movement (Movimiento Mundial por los Bosques Tropicales), "Ecuador: Zero community benefits from FACE PROFAFOR certified plantations". En línea: http://www.wrm.org.uy/bulletin/108/ Ecuador_FACE_PROFAFOR.html (consultado el 27 de octubre de 2009).

[36] Para un análisis exhaustivo de ciclovías y el desarrollo sustentable en el contexto ecuatoriano, ver Catalina Noroña, "De la Bicicleta a la utopía: la construcción de organizaciones socio-ambientales desde las propuestas de transporte alternativo – el caso de Quito, Ecuador", Tesis de Maestría en Estudios Sociobambientales, FLACSO – Quito, Ecuador, 2009.

[37] Paulo Freire, *Pedagogy of the Oppressed* (New York: Continuum Publishing Company, 1970). *Pedagogía del oprimido* (Buenos Aires: Siglo Veintiuno, 1985). Traducción de Jorge Mallado.

[38] Andrew C. Revkin, "A New Measure of Well-Being from a Happy Little Kingdom", *The New York Times*, 4 de octubre de 2005.

[39] "A former postal worker commits mass murder", *History Made Every Day*, 10 de octubre de 1991. En línea: http://www.history.com/this-day-in-history. do?action=tdihArticleCategory&displayDate=10/10&categoryId=crime (consultado el 27 de octubre de 2009).

[40] Stern, *The Stern Review*, op. cit., 247.

[41] S. Pacala y R. Socolow "Stabilization wedges: Solving the climate problem for the next fifty years with current technologies". *Science* 305 (2004): 968–72.

[42] Paul R. Erhlich y Anne H. Erhlich, *The Dominant Animal* (Washington, D.C.: Island Press, 2009), 281.

[43] Garrett Hardin, *Living Within Limits* (New York: Oxford University Press, 1993), 3.

[44] Sven Wunder, *Oil Wealth and the Fate of the Forest* (London: Routledge, 2003), 368.

[45] Joseph Henry Vogel, "Una propuesta basada en 'La tragedia de los comunes': Un museo de bioprospección, propiedad intelectual, y el conocimiento público". *Revista de Ciencias Sociales* 16 (2007): 118–135. También disponible gratuitamente en Internet bajo: http://bibliotecavirtual. clacso.org.ar/ar/libros/pr/cis/rcs/16/JHenryVogel.pdf (consultado el 4 de octubre de 2011).

[46] Joseph Henry Vogel, ed., *El cártel de la biodiversidad: la transformación de conocimientos tradicionales en secretos comerciales* (Quito, Ecuador: The InterAmerican Development Bank/Consejo Nacional de Desarrollo, CARE, USAID, SANREM, and EcoCiencia, 2000).

[47] Joseph Henry Vogel, Janny Robles, Camilo Gomides, y Carlos Muñiz, "La geopiratería como un tema emergente en el marco de los derechos de propiedad intelectual: porqué los Estados pequeños deben asumir el liderazgo". Joseph Henry Vogel, Janny Robles, Camilo Gomides, y Carlos Muñiz, en Baldo Kresalja, eds, *Anuario Andino de Derechos Intelectuales*, no. 4 (Lima: PALESTRA, 2008), 421–450.

[48] Conocido más formalmente como "The Fundamental Paradox of Egoistic Hedonism", Henry Sidgwick, *The Methods of Ethics* (Indianapolis: Hackett Publishing Co, 1981; primera edición 1907). El placer se alcanza no a través de su propia búsqueda, sino como un subproducto de la obra. Ver, "Hedonism" en Stanford Encyclopedia of Philosophy. En línea: http://plato.stanford.edu/entries/hedonism/ (consultado el 26 de octubre de 2009).

[49] *SIERRA* Magazine (revista) 94 no. 1 (enero/febrero 2009): 86.

[50] Connie Rogers, "Feathers, Fur and Jungle Waters", *The New York Times Travel Section*, primero de agosto de 2004, Secciones 5, 1, 8, 13.

[51] Ibíd, 13.

[52] Redacción Sociedad, "Turismo: La crisis en EE.UU. es una gran oportunidad", *El Comercio*, 4 de enero de 2009, 1–2.

[53] Las mismas opciones se pueden entender mejor desde el paradigma de la psicología evolutiva. Gad Saad, *The Evolutionary Bases of Consumption* (Mahwah, NJ: Lawrence Erlbaum Associates, 2007).

[54] "Coca-Cola+Mentos en el Colegio Alemán". En línea: http://www.youtube.com/watch?v=8TR6xvtj5SY (consultado el 27 de octubre de 2009).

[55] "Expalsa, Our Social Responsibility". En línea: http://www.youtube.com/watch?v=6T134zSZjGM&feature=related (consultado el 27 de octubre de 2009).

[56] Si existe o no una base para el video puede ser fácilmente evaluado por paneles de expertos. El movimiento para el "comercio justo" puede ser visto en el Ecuador en la producción de café y guineo. En línea: http://www.youtube.com/watch?v=20PrlcaT1a0 y http://www.youtube.com/watch?v=mrp7FpJGyqw (consultado el 27 de octubre de 2009).

[57] Los madereros del Canadá no tocan los bosques que lindan con las carreteras, así engañando a los carros que pasan de la devastación que está más allá de la vista. Andre Carothers, "Brazil of the North: how the British Columbia timber company Macmillan-Bloedel escapes responsibility for destroying ancient forests", *E Magazine*, primero de abril de 1994. En línea: http://www.encyclopedia.com/doc/1G1-14896050.html (consultado el 27 de octubre de 2009).

[58] Marisa López-Rivera, "Faculty Raises Are Down Slightly from Last Year", *The Chronicle of Higher Education*, 13 de marzo de 2009. Estadísticas calculadas a través de la tabla "Average Faculty Salaries by Field and Rank at 4 Year Colleges and Universities, 2008–9". Para frustrar los intentos de crítica, el Programa Fulbright revela solo en la última página de preguntas frecuentes que las "Fulbright grants are not intended to approach salaries" ("Las becas Fulbright no tienen la intención de acercarse a los salarios"). En línea: http://www.cies.org/us_scholars/us_awards/FAQs.htm#12 (consultado el 27 de octubre de 2009).

Conclusiones

[1] El lugar común es también el título de un libro. Obama for America (Obama para los EE.UU.), *Change We Can Believe In: Barack Obama's Plan to Renew America's Promise* (New York: Three Rivers Press, 2008). En línea: http://www.casadellibro.com/libro-change-we-can-believe-in-/1231084/2900001290422 (consultado el 8 de octubre de 2011).

[2] "Ya he dicho que estoy feliz de vernos avanzando en el incremento de la producción nacional, incluida la perforación submarina en alta mar – pero no podemos hacerlo en forma aislada de todas las otras medidas importantes que deben ser tomadas". "Interview with President Obama on Climate Bill", *The New York Times*, 28 de junio de 2009.

[3] Un punto hecho por Deidre McCloskey y tomado en serio. "Falta un sentido de humor en los textos académicos, tanto de los profesores como de los alumnos", *Economical Writing*, 2da ed. (Long Grove, Ill.: Waveland Press, 2002), 43.

[4] Nicholas Georgescu-Roegen, "Energy and Economic Myths", *Southern Economic Journal* 41 no. 3 (enero de 1975). En línea: http://dieoff.org/page148. htm (consultado el 27 de octubre de 2009).

[5] E. O. Wilson, *The Future of Life* (New York: Vintage Books, 2002), 7.

[6] Charles Darwin, *El origen de las species por medio de la selección natural*. Traducción del inglés hecha por Antonio de Zulueta (Buenos Aires: Espasa Calpe, 1921, Tomo III. Primera edición), 138.

[7] "Many Scientists Believe Runaway Greenhouse Effect Possible". En línea: http://archive.greenpeace.org/climate/database/records/zgpz0638.html (consultado el 27 de octubre de 2009).

[8] Carl Sagan, Ann Druyan, y Steven Soter. *Cosmos Episode 13 "Who Speaks For Earth?"* Public Broadcasting Service, 55 min, 20 sec. En línea: http://www.videosift.com/video/Carl-Sagan-Cosmos-13-Who-Speaks-for-Earth (consultado el 27 de octubre de 2009).

[9] Ibíd.

[10] European Space Agency (Agencia Espacial Europea), "Climate and Evolution", 28 de noviembre de 2007. En línea: http://www.esa.int/SPECIALS/Venus_Express/SEMGK373R8F_0.html (consultado el 27 de octubre de 2009).

[11] David Chandler, "Climate Change Odds Much Worse than Previously Thought: New Analysis Shows Warming Could be Double Previous Estimates", *MIT News*, 19 de mayo de 2009. En línea: http://web.mit.edu/newsoffice/2009/roulette-0519.html (consultado el 27 de octubre de 2009).

[12] Carl Sagan, *The Cosmic Connection: An Extraterrestrial Perspective* (New York: Dell Publishing, 1973), 237–238.

[13] *Earthrise from Apollo 8* (*La salida de Tierra desde la Apolo 8* – 1968) o *The Blue Marble from Apollo 17* (*El planeta azul desde la Apolo 17* – 1972). En línea: http://www.abc.net.au/science/moon/earthrise.htm y http://svs.gsfc.nasa.gov/vis/a000000/a002600/a002680/ (consultado el 28 de octubre de 2009).

[14] Uno se imagina maquilladores decadentes corriendo por el escenario con un maletín de corbatas entre las que elegir.

[15] Con referencia a la primera de la trilogía: "'la estabilidad' otro término útil del discurso político, que se traduce como 'Todo lo que sirve a los intereses del poder'". Con referencia a lo último: "Tal vez valga la pena mencionar que el término 'ganancias' ha desaparecido en gran parte del discurso respetable. En la neo-lengua contemporáneo, la palabra debe ser pronunciada 'trabajos'". Noam Chomsky, *Powers and Prospects: Reflection on Human Nature and the Social Order* (London: Pluto Press, 1996), 133 y 103.

[16] Transcript: Obama's G-20 Press Conference (Transcripción: Rueda de prensa G-20 de Obama), 2 de abril de 2009. En línea: http://www.cbsnews.com/stories/2009/04/02/politics/100days/worldaffairs/main4914735.shtml (consultado el 27 de octubre de 2009).

[17] "Estruendoso" ("Thunderous") fue el adjetivo que Donald Mann utilizó para describir el oxímoron de "crecimiento económico sustentable" para el que el "crecimiento sostenible" de Obama no es más que un engaño. "Reflection on Sustainable Development", *Human Survival* 15 (1989): 2.

[18] Jacques Ellul, *Propaganda: The Formation of Men's Attitudes*, traducción del francés por Konrad Kellen y Jean Lerner (New York: Vintage Books, 1965), 138.

[19] Para información en línea sobre El Club de Roma: http://www.clubofrome.
org/eng/ about/3/ (consultado el 27 de octubre de 2009).

[20] Donella H. Meadows, Dennis L. Meadows, Jørgen Randers y William
W. Behrens III, *The Limits to Growth* (New York: Universe Books, 1972).

[21] Paul Krugman, "Betraying the Planet", *The New York Times*, 28 de junio de
2009, A21.

[22] John Broder, "Obama Opposes Trade Sanctions in Climate Bill" *The New York
Times*, 29 de junio de 2009, A1.

[23] John Broder, "House Passes Bill to Address Threat of Climate Change",
The New York Times, 27 de junio de 2009, A1.

[24] Ibíd.

[25] Ibíd.

[26] Ibíd.

Apéndice

[1] Henry Jenkins, "From YouTube to YouNiversity", *The Chronicle Review* 53 no.
24 (16 de febrero de 2007): 9.

[2] Garrett Hardin, "La tragedia de los communes". Traducción de Horacio Bonfil
Sánchez. Gaceta Ecológica, núm. 37, Instituto Nacional de Ecología, México,
1995. En línea: http://www2.ine.gob.mx/publicaciones/gacetas/231/hardin.
htm (consultado el 6 de octubre de 2011).

[3] Joseph Henry Vogel, "Ecocriticism as an Economic School of Thought: Woody
Allen's Match Point as Exemplary". *OMETECA Science and Humanities* XII
(2008): 105–119.

[4] Camilo Gomides, "Putting a New Definition of Ecocriticism to the Test: *The
Case of the Burning Season*, a Film (Mal)Adaptation". *Interdisciplinary Studies in
Literature and Environment* 13 no. 1 (2006): 13–23, 16.

[5] The Open Vision Community (an Educational Resource for the New Age)
(La Comunidad de Visión Abierta [un recurso educativo para la Nueva Era]),
http://openvision.org/content/story-stuff (consultado el 27 de octubre de
2009).

ÍNDICE

Lightning Source UK Ltd.
Milton Keynes UK
UKOW050625050112

184777UK00001B/32/P